Helmut Schreier u. a.

SACHUNTERRICHT KÖNNEN

Ein Modell für die Lehrerbildung auf der Grundlage des Perspektivrahmens Sachunterricht

D1849713

westermann

© 2011 Bildungshaus Schulbuchverlage
Westermann Schroedel Diesterweg Schöningh Winklers GmbH, Braunschweig
www.westermann.de

Das Werk und seine Teile sind urheberrechtlich geschützt. Jede Nutzung in anderen als den gesetzlich zugelassenen Fällen bedarf der vorherigen schriftlichen Einwilligung des Verlages.
Hinweis zu § 52a UrhG: Weder das Werk noch seine Teile dürfen ohne eine solche Einwilligung gescannt und in ein Netzwerk eingestellt werden. Das gilt auch für Intranets von Schulen und sonstigen Bildungseinrichtungen.
Auf verschiedenen Seiten dieses Buches befinden sich Verweise (Links) auf externe Internet-Adressen. Haftungshinweis: Trotz sorgfältiger inhaltlicher Kontrolle wird die Haftung für die Inhalte der externen Seiten ausgeschlossen. Für den Inhalt dieser externen Seiten sind ausschließlich deren Betreiber verantwortlich. Sollten Sie bei dem angegebenen Inhalt des Anbieters dieser Seite auf kostenpflichtige, illegale oder anstößige Inhalte treffen, so bedauern wir dies ausdrücklich und bitten Sie, uns umgehend per E-Mail unter www.westermann.de davon in Kenntnis zu setzen, damit beim Nachdruck der Verweis gelöscht wird.

Druck A1 / Jahr 2011
Alle Drucke der Serie A sind im Unterricht parallel verwendbar.

Lektorat und Satz: Anette Balko, Braunschweig
Umschlaggestaltung und Typografie: Druck- und Medienhaus Sigert GmbH, Braunschweig
Druck und Bindung: westermann druck GmbH, Braunschweig

ISBN 978-3-14-161091-8

INHALT

3 Beispielhafte Portfolios

VORWORT

Dies ist der Entwurf für die Entwicklung der Kompetenz „Sachunterricht können". Das Feld des Sachunterrichts ist auf sechs Fachbezüge verteilt, die Kompetenz auf fünf Stufen – angefangen von der Hochschule über das Studienseminar bis zur lebenslangen Fortbildung.

Der Plan ist Ergebnis eines Projekts „Kooperative Sachunterricht", bei dem das Studienseminar und die Universität in Hamburg von 2004 bis 2006 zusammenarbeiteten. Die Namen der Teilnehmer dieses intensiven partnerschaftlichen Diskurses sind im Anhang (S. 136) aufgeführt. Bei unseren Verhandlungen ging es zentral um die Frage „Was muss eine Lehrerin, ein Lehrer können, um guten Sachunterricht zu geben?"

Wir vergewisserten uns über den gegenwärtigen Stand der Diskussion (unser Plan knüpft an den „Perspektivrahmen Sachunterricht" der Gesellschaft für Didaktik des Sachunterrichts an), über unsere Auffassung von der Sache des Sachunterrichts und über unser Selbstverständnis als Ausbilder in Hochschule und Studienseminar. Die wichtigste Herausforderung für unsere Gruppe war die Aufgabe, das umfassende Können in eine Sequenz von aufeinander aufbauenden Teilkompetenzen zu untergliedern. Die Suche nach einer Lösung, die mit gegebenen Mitteln (Gliederung der Ausbildung in eine erste, eher theoretische, und eine zweite, eher unterrichtspraktische Phase) verfolgt werden kann, beanspruchte die meiste Zeit.

Bei der Lösung erwies sich die Zusammenarbeit mit den Studierenden als besonders hilfreich. Sie waren mit ihrer Kritik, ihren Beiträgen an der Entwicklung des Entwurfes beteiligt. Vor allem die ersten drei Stufen des Kompetenzrasters (die im Bereich des Hochschulstudiums liegen) wurden durch sie ausgefeilt. Die Belege, die in der vorliegenden Publikation zur Illustration der drei Stufen gegeben werden, stammen von ihnen und spiegeln ihre Kompetenz.

Zur Vorstellung des eigentlichen „Sachunterricht-Könnens" – der Meisterschaft, die mit den Stufen 5 und 6 des Kompetenzrasters erreicht ist – habe ich Textauszüge aus der einschlägigen Literatur herangezogen; diese Anthologie belegt, so hoffe ich, die Qualität der angestrebten Kompetenz. (Es ist anzunehmen, dass erfahrene Ausbilder andere Belege bevorzugen, was die Komplexität der Kompetenz erweist.)

Das Buch ist unter dem Blickwinkel der illustrierenden Texte eine Sammlung von Belegen, die in einer bestimmten Reihenfolge angeordnet wurden und zusammengenommen die Ahnung von dem geben, was Reichtum und Vielfalt der Kompetenz „Sachunterricht können" ausmacht, die zu den anspruchsvollsten und faszinierendsten pädagogischen Tätigkeitsfeldern gehört: die Einführung in das Wissen von der Welt.

Seit 2006 hat sich die Lage des Sachunterrichts anscheinend in den meisten Bundesländern verschlechtert, die Anteile an der Stundentafel im Unterricht, die Anteile einschlägiger Ausbildungsveranstaltungen in den neuen Bachelor-Master-Studiengängen der Hochschulen und die Teilnehmerzahlen in den Sachunterrichts-Studienseminaren sind überall zurückgegangen. Die Einführung von Standards für den Sachunterricht (Leistungen von Kindern am Ende der vierten Klasse) durch die Konferenz der Kultusminister, die in unseren Augen eine gefestigte Position des Faches begründen könnte, ist derzeit kaum noch im Gespräch.

In dieser Lage ist es besonders wichtig, ein klares Profil des zu rettenden Gegenstandes (Sachunterricht) vor Augen zu haben. Ich hoffe, mit dieser Publikation ein Instrument zur Verfügung zu stellen, das sich in bevorstehenden Verhandlungen um die Zukunft des Sachunterrichts als hilfreich erweisen wird.

Helmut Schreier, Gusborn, Oktober 2010

1 RAHMEN UND HINTERGRUND

Was ist Sache des Sachunterrichts?

Die Frage hat zwei Seiten, eine theoretische und eine praktische. Theoretisch geht es um den Kern, das Wesen, den Gegenstand, das Arbeitsfeld des Sachunterrichts: Worin besteht die Besonderheit, die es von anderen Fächern unterscheidet? Praktisch geht es um den Erhalt des Faches inmitten der konkurrierenden Ansprüche anderer Fächer im Lehrplan der Schulen und Hochschulen. Wie ist die Sache des Sachunterrichts bildungspolitisch zu vertreten?

Lesen, Schreiben, Rechnen – alle haben eine Vorstellung davon, was da gelernt wird. Welches Wissen und Können aber bringt der Sachunterricht? Wie will man es gegenüber der Öffentlichkeit (etwa in Gestalt eines Taxifahrers, einer Schuhverkäuferin oder einem Publikum bei einer Fernsehsendung) plausibel machen, was der Gegenstand dieses Faches ist?

Als Beispiel werden drei Vorschläge aufgegriffen:

- Erkundung des Nahraums,
- Untersuchung der Lebenswirklichkeit durch die Kinder,
- Einführung in die Wissenschaft.

Jede Formulierung nennt eine Richtung, die Kennern der Geschichte der Fachdidaktik geläufig ist. Dennoch bedarf jede der Ausführung und Erläuterung durch Beispiele, keine erklärt sich selbst oder ruft die Vorstellung einer notwendigen Kulturtechnik hervor.

Die Schwierigkeit, die Besonderheit des Sachunterrichts präzise zu erfassen, spiegelt sich in den unterschiedlichen Bezeichnungen des Fachs. Die Namen „Heimatkunde", „Heimatunterricht", „Sachkunde", „Sachunterricht" und Kombinationen daraus sind in verschiedenen Bundesländern in Gebrauch. Wir vermuten, dass die Vielfalt der Bezeichnungen als Anzeichen zu verstehen sind, dass die Sache des Sachunterrichts genauer bestimmt werden muss. Es besteht ein Bedarf an Klärungs- und Entscheidungsprozessen, die das Profil dieses Faches erst einmal umreißen.

Um ein Beispiel für ein einfaches und leicht zu begreifendes Profil zu nennen: Im angelsächsischen Sprachraum ist Sachunterricht in „Naturwissenschaft“ und „Soziale Studien“ untergliedert. Es geht um die Einführung in naturwissenschaftliches Denken beziehungsweise um die Beschäftigung mit sozialwissenschaftlichen Konzepten auf der Ebene des Primar- oder Elementarschulwesens. Hier ist der Charakter des Elementaren und Exemplarischen zusammen mit einer gewissen Vorläufigkeit – die disziplinbezogenen Studien sind dem Sekundarbereich vorbehalten – angesprochen.

Aus Perspektive der deutschen Bildungspolitik möchte man demgegenüber Integrationsmöglichkeiten zwischen Fächern wie Geschichte und Geographie als Merkmal der Arbeit in der Grundschule herausgestellt sehen und auf die Verbindung zwischen naturwissenschaftlichen und sozialen Studien nicht verzichten. Trotzdem bleibt das Faktum, dass die Fächer „Elementary Science“ und „Elementary Social Studies“ bzw. „Primary Science“ und „Primary Social Studies“ im britischen, kanadischen, amerikanischen und australischen Lehrplan etabliert und durch klare Vorstellungen gekennzeichnet sind.

Eine bildungspolitische Folge der noch ungeklärten Vorstellungen vom Sachunterricht in Deutschland ist der geringe Anteil des Faches bezogen auf die Stundentafel des Lehrplans. Dies gilt für die Grundschulen der meisten Bundesländer, aber auch für die Lehrer ausbildenden Hochschulen. Vertreter des Sachunterrichts beobachten mit Sorge eine rückläufige Entwicklung des Bereichs, der einmal eine zentrale Rolle gespielt hat und bis in die 1960er Jahre in Gestalt der Heimatkunde tonangebend für den Gesamtunterricht der Grundschule war. Bei der Reform des deutschen Bildungswesens im Jahre 1970 wurde er vom Deutschen Bildungsrat als „Kernlernbereich“ vorgeschlagen.

Ein wichtiges Motiv für die Gründung der Gesellschaft für Didaktik des Sachunterrichts (GDSU) im Jahre 1992 war die Sorge um den Erhalt des Faches. Ein wichtiges Ergebnis der Arbeit der GDSU ist der unter dem Namen „Perspektivrahmen Sachunterricht" bekannt gewordene Entwurf, mit dem die Fachgesellschaft Einfluss auf die Bildungspolitik zu nehmen versucht. Tatsächlich sind inzwischen Spuren des Plans in den Lehrplänen der meisten Bundesländer zu finden, und es ist zu hoffen, dass auch das Profil des Faches in der Vorstellung der beteiligten Öffentlichkeit deutlicher geworden ist. Die Umsetzung und der weitere Ausbau des Perspektivrahmens sind notwendig, um die Sache des Sachunterrichts in bildungspolitischen Prozessen erfolgreich zu vertreten. Der einmal beschrittene Weg muss konsequent weiterverfolgt werden.

Ein entscheidender Schritt bei der Entwicklung des Perspektivrahmens war die Abwendung der maßstäblichen Idee „Kind" und die Hinwendung zur Sache und den daraus folgenden fach und disziplinbezogenen Orientierungen. Dieser kühne Wechsel der Blickrichtung stand im Widerspruch zum vorherrschenden Paradigma. Der Wendepunkt ist in dem Satz ausgesprochen, der als Fundament des Unternehmens „Perspektivrahmen der GDSU" gelten kann: „Kern des Sachunterrichts sind die Wissensbestände der Wissenschaften".

Der Satz wurde in einer Januarnacht des Jahres 2000 in der Kommission der GDSU formuliert und in diesem Kreis als Lösung des Problems aufgenommen. Zuvor hatte es Umfragen unter den Mitgliedern gegeben, deren Ergebnisse nicht auf einen gemeinsamen Nenner zu bringen waren. Die Bezugspunkte und Assoziationen streuten erstaunlich weit.

Häufig wurde das Wort „Lebenswirklichkeit" genannt, das damals in vielen Lehrplänen als „Lebenswirklichkeit der Kinder" oder „kindliche Lebenswelt" auftauchte. Aber dieses Wort erweist sich als wenig hilfreich. Es ergibt sich daraus kein Konzept, das für eine allgemein gültige Grundlage tauglich wäre. Die Interessen und Bedürfnisse von Kindern sind zu situationsabhängig, um ein Grundmuster für den Sachunterricht mit klarem Profil zu liefern. Viel besser geeignet dafür sind dagegen die Konturen der wissenschaftlichen Bezugsfächer. Die Wissensbestände der Fachwissenschaften ermöglichen die Identifikation der Sache des Sachunterrichts als Konzept und tragen zur bildungspolitischen Sicherung seines Erhalts bei.

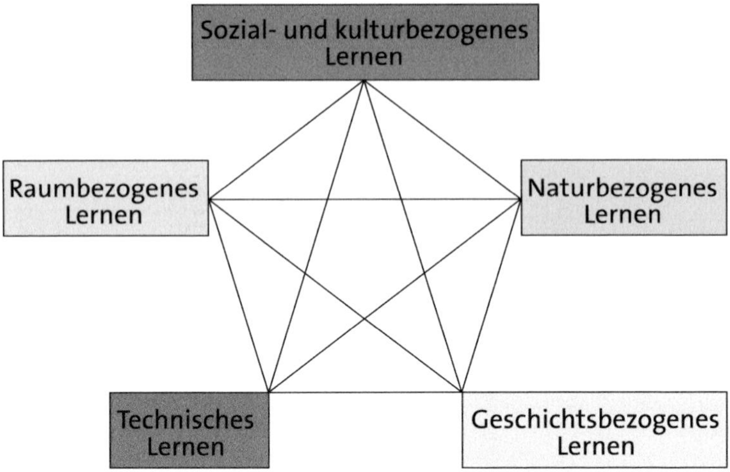

Abb. 1: Die fünf Perspektiven des Sachunterrichts und ihre Vernetzung

In den folgenden Jahren wurde seitens der GDSU die Broschüre mit dem Perspektivrahmen verbreitet, und das Muster der Fachorientierung in die Lehrpläne hineingetragen. Eine Weiterentwicklung des Rahmenplans hätte ohne die Hamburger „Kooperative Sachunterricht" allerdings nicht stattgefunden. Die Hamburger – fünfzehn Hochschullehrerinnen und -lehrer, Seminarleiterinnen und -leiter sowie Lehrerinnen und Lehrer, die im Bereich Lehrerbildung und Lehrerfortbildung für den Sachunterricht arbeiten – griffen den Plan der GDSU im Jahre 2002 auf und entwickelten auf dieser Grundlage bis 2005 ein Modell, das die Kompetenzen von Lehrkräften im Sachunterricht identifiziert. Ich, bis 2001 als Vorsitzender der GDSU für die Entwicklung des Perspektivrahmens zuständig, engagierte mich auch in der Hamburger Gruppe für die Weiterentwicklung. Das Instrument, das ich hier vorlege, dient vor allem der Lehrerausbildung. Gleichzeitig wird die Frage nach der Sache des Sachunterrichts umfassend beantwortet.

Um es vorweg zu nehmen und in einer knappen Aussage zusammenzufassen: Es ist die Beschreibung eines Weges der planvollen Vermittlung zwischen dem spezifischen Eigensinn der Wissenschaften – ihren Methoden und zentralen Konzepten – mit den Lernansprüchen der Kinder. Wie die meisten Wege ist auch dieser in Abschnitte oder Etappen aufgeteilt, und der erste Schritt der Kooperative war der fachgerechte Ausbau des Perspektivrahmens. Am deutlichsten tritt dies beim „naturbezogenen Lernen" in Erscheinung, das die Fachansprüche von Biologie, Physik und Chemie vereint (siehe *Abb. 1*).

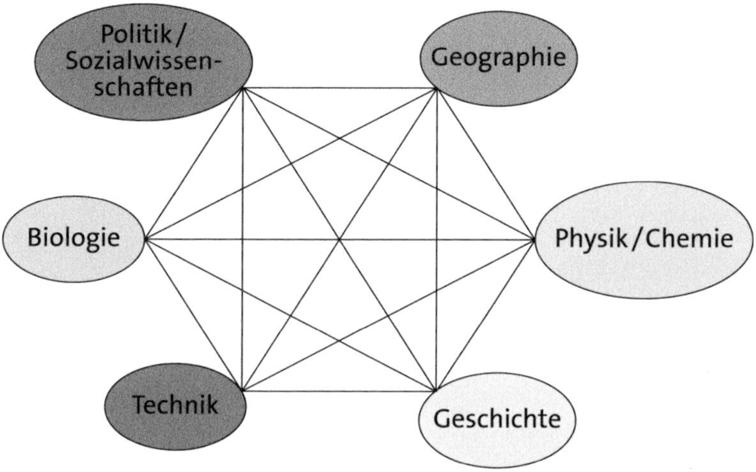

Abb. 2: Die sechs Bezugsfächer des Sachunterrichts und ihre Verknüpfung

Tatsächlich ist der biologische Bereich – von dem ubiquitären Thema „Eichhörnchen" bis zur Pflanzenpflege – in den Schulen breit vertreten, während Physik, mitttels empirischen Erhebungen (vgl. *Blaseio* 2004; vgl. *Lück* 2004) hinreichend nachgewiesen, kaum stattfindet. Offenbar wird das Biologische aus Tradition gepflegt, während die Traditionen der Physik und Chemie, sollte es sie je gegeben haben, abgebrochen sind und neu aufzubauen wären. Die Kooperative Sachunterricht unterscheidet daher zwischen „naturbezogenem Lernen – belebte Natur" und „naturbezogenem Lernen – unbelebte Natur".

Den Umfang und die einzelnen Bereiche des Aufgabenpakets überblickt man besser, wenn man die Fächer auseinanderhält und beim Namen nennt. Als Folge führt der vorgelegte Rahmen – anstelle der fünf „Perspektiven" – sechs Bezugsfächer (siehe *Abb. 2*) an, jeweils mit den Bezeichnungen der betreffenden Disziplinen.

Wo bleiben die Ansprüche der Kinder?

Die Ausrichtung an den Fächern, ihren wichtigsten Konzepten und einschlägigen Methoden kann nicht allein die maßgebliche Orientierung für den Sachunterricht sein. Sie führt geradeswegs zur Wissenschaft und zum Studium der Fächer. Für entsprechende Berufe in Wissenschaft und Forschung wäre das zwar sinnvoll, nicht aber für pädagogische Tätigkeiten. Der Lehrberuf erfordert ein Können, das über Fachkompetenz hinausgeht. Auch der beste Fachwissenschaftler verfügt nicht ohne Weiteres über diese umfassendere Kompetenz. Wo sich ein Wissenschaftler jedoch als Vermittlungsgenie entpuppt und wissenschaftliche Schlüsselkonzepte einem breiten Publikum zu erklären vermag, erweist er sich als jemand, der sich nicht nur auf die Wissenschaft versteht, sondern auch auf die Kunst der Lehre.

Anders formuliert und auf das Arbeitsfeld Grundschule bezogen: Die Lern-Ansprüche der Kinder sind maßgeblich. Wer sie missachtet, etwa durch rücksichtslose „Wissenschaftsorientierung", verfehlt den Sinn des Sachunterrichts. Gute Lehrerinnen und Lehrer sind nicht nur für den Anspruch der Fächer aufgeschlossen, sondern sie kennen auch den jeweiligen Wissensstand der Schülerinnen und Schüler sowie die besonderen Neigungen und Schwierigkeiten. Ihr Handeln ist durch eine spezifische Form des Adressatenbezugs geprägt. Sie verfügen über ein Repertoire an Techniken, um Sachverhalte zu vermitteln und sie in ihrer Bedeutung für die Kinder aufzuschließen.

Auch wenn diese Zusammenhänge selten in wünschenswerter Klarheit vorgetragen werden, sind sie praxiserfahrenen Lehrkräften geläufig. Deshalb finden sich manche Praktiker gegenüber dem Perspektivrahmen der GDSU – und noch viel ausgeprägter gegenüber dem Modell unserer Kooperative – in einer Zwickmühle: Sie können zwar der bildungspolitischen Argumentation folgen und sehen die Notwendigkeit, ein Muster mit klaren und plausiblen Bezugspunkten vorzulegen, gleichzeitig vermissen sie aber die Rückbindung an die Lernbedürfnisse der Kinder.

Das Verhältnis von Kind und Sache ist ein ungelöstes pädagogisches Problem, das bei der fachlichen Orientierung der vorgestellten Modelle ignoriert wird. Um dieses Problem zu lösen, müssen zwei Voraussetzungen gegeben sein:

- Man braucht eine richtungweisende Idee zur Interaktion von Kind und Sache,
- und man benötigt eine Vorstellung über das angemessene Verhältnis von Fachwissen und Pädagogik.

Dies sind sehr komplexe Formulierungen für einfache Sachverhalte. Einfacher ausgedrückt geht es erstens um die Aufweichung traditioneller Vorstellungen über die Grenzen des geistigen Vermögens von Kindern und zweitens um den Vorschlag, das Können von „Könnern“ genau zu studieren.

Kind und Sache

Piaget und die Folgen

Um den Einfluss der psychologischen Theorie *Jean Piagets* auf das vorherrschende Bild vom Kinde einzuschätzen, ist es nicht nötig, dieser Theorie im Einzelnen nachzugehen. Es genügt, an die Konsequenzen zu erinnern, die ermutigenden, die *Piaget* unter dem Begriff „aktive Methoden“ zusammenfasste. (Kinder erarbeiten ihre Vorstellungen selber, man muss ihnen die Gelegenheiten schaffen, selbsttätig lernen zu können.) Und an jene entmutigenden Folgen, die sich aus der von ihm ermittelten, anderen geistigen Struktur von Kindern ergeben, die uns Erwachsenen unzugänglich sind wie die eines andersartigen Wesens.

Piaget (1974, S. 26) hat, um die Andersartigkeit des kindlichen Denkens zu beschreiben, einen erhellenden Vergleich angestellt:

„So wie die Kaulquappe bereits atmet, jedoch mit anderen Organen als der fertige Frosch, so handelt das Kind wie der Erwachsene, jedoch mit einer Mentalität, deren Struktur je nach Entwicklungsstadien variiert.“

Kaulquappe und Frosch: Wie können wir mit Kindern so kommunizieren, dass wir nicht aneinander vorbeireden? Es ist kein Zufall, dass die schärfsten Attacken gegen die Stufentheorie *Piagets* über die Entwicklung des Denkvermögens von *Gareth Matthews* vorgetragen werden, einem der Gründerväter des „Philosophierens mit Kindern". Ist es möglich, mit Kindern über abstrakte, komplexe Begriffe – wie z. B. Glück, Sprache, Identität, Tod, Freiheit, Tapferkeit – ein Gespräch zu führen? *Matthews* (2002) weist folgerichtig Unklarheiten in *Piagets* Theorie nach.

Inzwischen liegen zahlreiche kritische Befunde vor. Eine bekannte Korrektur stammt von *Piagets* ehemaliger Assistentin *Margaret Donaldson* (1982), die die Durchlässigkeit der von ihm gezogenen Grenzen aufzeigt, um Pädagogen zu ermutigen, Kindern mehr zuzumuten, als ihnen nach der Stufentheorie eigentlich zumutbar wäre.

Kindheit als Konstrukt

Dass *Piagets* Einfluss verblasst, ist zum Teil die Folge der anhaltenden Kritik an seiner Stufentheorie des Denkens. Aber es liegt auch an einer Veränderung, die das Konzept „Kindheit" auf dem Felde einer ganz anderen Betrachtungsweise erfahren hat. Die soziologischen, historischen und psychohistorischen Studien von *Philippe Ariès* (1975), *Lloyd deMause* (1980), *Neil Postman* (1983) und *Maria Fölling-Albers* (2001) sind lediglich Beispiele für diese Betrachtungsweise, die inzwischen ganze Bibliotheken hervorgebracht hat.

So unterschiedlich, ja widersprüchlich die Ergebnisse der Untersuchungen im Einzelnen auch sind, zusammengenommen haben sie die unwiderrufliche Folge einer Veränderung der vorherrschenden Auffassung über die Möglichkeiten der Kindheitsforschung. Wir haben gelernt, Kindheit nicht als feststehenden, „objektiven" Gegenstand wahrzunehmen, sondern als ein Konstrukt. Dieser Konstruktcharakter – der bei sämtlichen Gesprächen über Kinder und Kindheit ins Spiel kommt – ist es, der die Geltungsansprüche der Stufentheorie zu Fall gebracht hat. Es ist nicht nötig, *Piaget* zu widerlegen. Seine Theorie mag interessant genug sein, um im Auge behalten zu werden, ebenso wie alle andern Werkzeuge, die beim Umgang mit der Baustelle namens „Kindheit“ möglicherweise brauchbar sein könnten. Auf diese Weise verblassen die Konturen der präoperationalen und konkret operationalen Phasen, und es ist innerhalb des Diskurses um Kindheit wieder legitim, die geistige Entwicklung als Kontinuum zu denken.

Vom Defizitwesen zum Experten

Womöglich noch folgenreicher ist die Einebnung des von *Piaget* unterstellten Gefälles zwischen einem Erwachsenem (fertiger Frosch) und einem Kind (unfertige Kaulquappe). Die Avantgarde der Forschung beschäftigt sich heute nicht damit, die Defizite des kindlichen Denkvermögens im Vergleich mit dem von Erwachsenen zu ermitteln, sondern richtet sich im Gegenteil darauf, die Überlegenheit des kindlichen Lernvermögens gegenüber dem von Erwachsenen zu untersuchen. Auch in der Hoffnung auf Erkenntnisse, die Erwachsenen zugute kommen könnten zitiert *Donata Elschenbroich* (2005, S. 40–41) den Säuglingsforscher *Andrew Meltzow* vom Talaris Institute in Seattle, einer Hochburg derartiger Forschungen:

„Wir haben erst seit Kurzem, vielleicht seit zwei Jahrzehnten begonnen, uns angemessen für die Leistungen des menschlichen Wissenserwerbs in den frühen Jahren zu interessieren und zu begeistern. Denken Sie nur an die Leistung, aus einem ununterbrochenen Band von Geräuschen und Lauten eine Sprache, oft zwei Sprachen, zu decodieren. Davon kann die Forschung über künstliche Intelligenz bisher nur träumen. Viel zu lang hat die Erwachsenenwelt das Privileg ihrer Dominanz missbraucht, um die nachwachsende Generation für unwissend zu erklären. Dabei haben wir uns selbst um viele Erkenntnisse gebracht, nicht zuletzt darüber, wie Wissenserwerb funktioniert. Kinder sind Experten des Wissenserwerbs.“

„Das Kind ist zur Sache ein drängendes“

Wer danach gesucht hat, wie die hier vorgetragenen Beobachtungen mit dem Thema „Kind und Sache“ zusammenhängen, mag an dieser Stelle vermuten, dass der Akzent des Arguments auf dem Wort „Ermutigung" liegt. Ermutigung, sich mit Kindern auf das Studium von Sachverhalten einzulassen, die in das Feld von Fachwissenschaften hineinführen. Wenn Kinder nicht länger als defizitäre Wesen gelten, sondern im Gegenteil als Lernvorbilder wahrgenommen werden, eröffnet sich ein weites Feld von Möglichkeiten für gemeinsame Studien. Wir unterstellen, dass die meisten Menschen – Kinder und Erwachsene – ein spontanes Interesse am Weltwissen mitbringen. Listen und Tricks sind für die Kooperation nicht notwendig. *Martin Wagenschein* (1992, S. 106) hat es gewusst und präzise formuliert:

„Die Alternative ,von der Sache aus **oder** vom Kinde aus?' ist reif, als solche zu verschwinden. In der gelingenden pädagogischen Situation arbeitet das Kind nie anders als sachlich. Aber die Sache zieht und erzieht es nur, insoweit sie seinen geheimen (ihm unbewussten) Erwartungen und **Steigerungs**-Wünschen entspricht. Das Verhältnis des Lernenden zu seinem Gegenstand ist der Gravitation verwandt, die man ja auch nur von Erde und Mond **zugleich** bestimmt denken muss. Die Sache ist für das Kind eine anziehende, und das Kind ist zur Sache ein drängendes. Wo es nicht so aussieht, sind es unsere Institutionen, die der Prüfung bedürfen."

Dabei bleibt eine Frage offen: Was ist eine „gelingende pädagogische Situation"?

Pädagogisiertes Fachwissen – ein Plädoyer

Ein einfacher Vorschlag

Im Jahr 1986 machte *Leon Shulman*, Präsident der finanzkräftigen und einflussreichen Carnegie-Stiftung in den USA, folgenden Vorschlag: Um die Qualität des Schulunterrichts zu verbessern, sollte man studieren, was gute Lehrer gut machen, um auf planvolle Weise hilfreiche Konzepte für guten Unterricht zu gewinnen. *Shulman* bezeichnete diesen Forschungsgegenstand, mit dem Namen „Pedagogical Content Knowledge" (PCK) oder übersetzt „Pädagogisiertes Fachwissen".

Er beschrieb PCK als „ein Fachwissen zweiten Grades, das über die Kenntnis des im Unterricht thematisierten Fachwissens hinausgeht. Pädagogische Wissensbestände bilden den Lehrstoff des Lehrens. Dieser besteht aus erfolgreich anwendbaren Formen der Darstellung von Theorien und Ideen, erklärungsmächtigen Analogien, Illustrationen, Beispielen, Erklärungsmustern, Demonstrationen und aus dem Verständnis dessen, was an einem Gegenstand leicht oder schwierig zu begreifen ist, zuzüglich der Kenntnis von Vorstellungen und Präkonzepten der Schüler und der Kenntnis von Strategien zur Neuordnung der Vorstellung von Lehrenden" (*Shulman* 1986, S. 4–14).

Die geniale Naivität dieses Vorschlags besteht darin, dass an die Stelle separater Forschungsfelder – Psychologie, Soziologie, Fachwissenschaft, Erziehungswissenschaft – ein einziger komplexer Forschungsgegenstand tritt. Bedenkt man die praktischen Konsequenzen – etwa die völlige Umstrukturierung der Forschung für die Lehrerausbildung – so zeigt sich die Naivität der Annahme, etablierte Traditionen, deren Spuren über Jahrhunderte zurückreichen, einfach durch neue Formen zu ersetzen, nur, weil damit dem praktischen Handlungsinteresse besser entsprochen wäre. Gleichzeitig werden aber auch Zweifel und Fragen hervorgerufen:

- Hat die traditionelle Lehrerausbildung etwa das Pferd verkehrt herum aufgezäumt?

- Hat sich die Annahme, dass das Studium der einzelnen voneinander getrennten Disziplinen sich im Kopf der Studierenden zu einem sinnvollen Ganzen verbinden würde und somit die Aufgaben des Unterrichtsgeschäfts für sie leichter lösbar würden, nicht als Illusion erwiesen?

- Wäre es nicht viel sinnvoller, das höchst komplexe Gefüge, das sich zu einer umfassenden Kompetenz – dem pädagogisierten Fachwissen – ergänzt, als einen fassettenreichen, aber konsistenten Gegenstand ohne Umweg über die theoretischen Annahmen direkt und sorgfältig zu studieren?

Die weitreichenden Folgen des Vorschlags

Martin Wagenschein hatte wohl eine ähnliche Idee vor Augen, als er über die „entpädagogisierende Wirkung des Fachstudiums" Klage führte: „Was also heute dem künftigen Lehrer, jedenfalls der Mathematik und der Naturwissenschaften, in seinem Fachstudium fehlt, und was nicht einfach zu heilen ist durch Additionen von Pädagogik, Psychologie und Wissenschaftsgeschichte, das ist die genetische Metamorphose des so genannten Stoffes, ohne die jene pädagogisch-psychologischen Vorlesungen überhaupt nicht richtig „ankommen" können; nicht so nämlich, dass sie sich mit der Fachwissenschaft zu verbinden vermögen" (*Wagenschein* 1992, S. 103).

Für *Wagenschein* boten die Verwandlungen, die beispielsweise frühe Vorstellungen über die Gestalt der Erde und die Beschaffenheit des Mondes im Lauf der Forschungsgeschichte erfuhren, den Fundus, aus dessen Vorräten er schöpfte, um die Studien seiner Schülerinnen und Schüler zu steuern. Die genetische Metamorphose des Stoffes ist das Bindeglied, das die Pädagogisierung des Fachwissens ermöglicht.

Im internationalen Diskurs, in dem PCK inzwischen fest etabliert ist und Hunderte von Studien hervorgebracht hat, ist im Zusammenhang mit pädagogisierten Fachwissen von „curriculum stories" die Rede. Untersuchungen von *Sigrun Gudmundsdottir* (1995) belegen, dass gute Lehrer erfolgreiche Unterrichtswege in narrativer Gestalt speichern: Die Vermittlung eines Gegenstandes in verschiedenen Situationen in verschiedene Schülergruppen wird von ihnen häufig in Geschichtenform abrufbereit gehalten. Wäre es nicht faszinierend, sich eine Lehrerausbildung vorzustellen, die diesen Curriculum-Geschichten erfolgreicher Lehrerinnen und Lehrer nachgeht, diese ermittelt, dokumentiert, ordnet und vergleicht und somit für andere verfügbar macht?

Einzelne Stimmen plädieren auch in Deutschland dafür, PCK aufzugreifen, um die Unterrichtsqualität angesichts der Ergebnisse der PISA-Studie zu verbessern (vgl. *Baumert/Blum/Neubrand* 2004). Beim Aufbau der Pädagogischen Hochschulen in einigen Schweizer Kantonen wird PCK als Grundlage und zentraler Ausgangspunkt eingeplant. Aber in einem Land mit traditionell gefestigten inneren Formen der Lehrerbildung wie in Deutschland wird es voraussichtlich noch Jahre dauern, bis „pädagogisiertes Fachwissen" in den Mittelpunkt des erziehungswissenschaftlichen Forschungsinteresses rückt.

„Pädagogisiertes Fachwissen" in der Lehrerbildung

Womöglich verhindert es der Gedanke an die so genannte „Meisterlehre" in der vorwissenschaftlichen Lehrerbildung, dass PCK in der heutigen Lehrerbildung aufgegriffen wird. Damals betrachtete man das Können des Schulmeisters als eine Art Handwerk, das am besten durch Nachahmung erlernt wurde. Die wissenschaftliche Lehrerausbildung hat diese Vorstellung verabschiedet. Zu einer Verbesserung der Qualität des Unterrichts hat diese Verabschiedung indes wenig beigetragen. Sollte der Ansatz von PCK zum Gegenstand von Forschung und Lehre werden, dann wäre das kein Rückfall in überwundene Zustände, sondern genau jene höchst wünschenswerte Verschränkung mit der Praxis, die dem Studium fehlt.

Der Unterschied zur Handwerksidee der Meisterlehre liegt in der Blickrichtung auf Exzellenz: Nicht die durchschnittliche Leistung wird zum Maßstab, sondern die „gelingende pädagogische Situation". Die Identifikation der Besten unter den Lehrern und die Definition dessen, was die Qualität einer „guten Lehrerin" oder eines „guten Lehrers" ausmacht, wäre die vorrangige Aufgabe einer Forschung, die sich diesem komplexen Gegenstand widmet.

Der Beruf der Lehrerin und des Lehrers ist mit lebenslangem Lernen verbunden, wenn sein Anspruch erfüllt werden soll. Seine Anerkennung hängt auch davon ab, wie weit er von der einschlägigen Wissenschaft als forschungswürdiges Feld wahrgenommen wird.

Fazit

Die Summe der Beobachtungen und Überlegungen, die wir hier ausgebreitet haben, kann als Addition einzelner Aussagen in folgender Sequenz ausgedrückt werden: Um dem Sachunterricht ein klares Profil zu geben – auch in der Hoffnung, ihm damit eine „Grenzstärke“ zu verleihen, die der Verwässerung seiner Inhalte und seiner weiteren Reduktion auf der Stundentafel entgegenzuwirken vermag –, legen wir ein Grundmuster vor, das die Bindung des Faches an sechs wissenschaftliche Bezugsdisziplinen wiedergibt. Das Hexagon als Darstellungsform (siehe *Abb. 4* auf S. 33) spiegelt die Zusammensetzung des Stoffes wieder. Es ist eine Anspielung auf die propädeutische Funktion des Sachunterrichts und auf die Kompetenzfähigkeit der Lehrkräfte, die über fachliches Basiswissen in jedem der sechs Bezugsfelder verfügen sollen. Damit ist die äußere Form des für den Sachunterricht spezifischen Könnens umrissen.

Im Hinblick auf die Kompetenz der Lehrerinnen und Lehrer ist das fachliche Basiswissen lediglich ein Anfang: Der wichtigste Teil der Kompetenz besteht im Vermögen, zwischen Kind und Sache zu vermitteln. Entscheidend ist die Pädagogisierung des Fachwissens, ein Prozess, der durch den international vorangetriebenen Ansatz des „Pedagogical Content Knowledge“ systematisch gefördert und durch Veränderungen des Bildes vom Kinde in der Forschung gestützt wird. Damit ist die innere Form des für den Sachunterricht spezifischen Könnens bezeichnet.

Äußere und innere Form des für den Sachunterricht spezifischen Könnens umreißen zusammen das Programm, dessen Teilbereiche im Folgenden noch auszuführen sind. Dabei erweist sich die Aufteilung der disziplinbezogenen Aspekte und der Kompetenz als hilfreich, weil diese den nahezu unüberschaubaren Zusammenhang des Ganzen in bearbeitbare Abschnitte untergliedert.

Der Integrationsanspruch korrespondiert mit dem Bildungsanspruch und wird über die Zielvorgabe des „Pädagogisierten Fachwissens“ angesteuert. Erwünscht ist also ein Schema, das die Pädagogik erleichtert und die Entfaltung pädagogischen Könnens auf unserem Gebiet voranbringen kann.

2 ENTWICKLUNG DES SECHSECKS

Am Anfang stand ein Wunschzettel

Vielleicht ist es hilfreich, die Arbeit der Hamburger Kooperative Schritt um Schritt nachzuzeichnen, denn – analog zu *Wagenscheins* genetischer Metamorphose von physikalischen Konzepten – bringt der Verlauf des Prozesses die fortschreitende Klärung von Begriffen und Zusammenhängen mit sich. So stand zu Beginn – im April 2002 – die Identifikation der Kompetenzen im Zentrum, über die eine Lehrkraft verfügen muss, wenn sie guten Sachunterricht zu halten versteht. Als die Sammlung komplett war, traten mit der Aufgabe des Ordnens völlig neue Gesichtspunkte hervor. Eine Vorstellung von „gutem" Sachunterricht war für die Lehrer und Seminarleiter anfangs unproblematisch. Wichtige Kennzeichen waren mit wenigen geläufigen Charakteristika grob skizziert:

- interessant für die Kinder,
- anschlussfähig für weiteres Wissen,
- erklärungsmächtig, was die Grundkonzepte betrifft,
- Kind und Sache verbindend.

Die Arbeit wurde entsprechend dem vorher entworfenen Hexagon in sechs Bereiche aufgeteilt, Formulierung und Diskussion der Aussagen führten Ende 2002 zu einem Ergebnis, mit dem die erste Etappe erreicht war. Unter der Bezeichnung „Kompetenzraster für einen guten Sachunterricht" (siehe S. 23 ff.) verteilten wir die Ergebnisse mit der Aufstellung der Kompetenzen in Seminaren an Studierende und an interessierte Kollegen in Schule, Studienseminar und Hochschule.

Kompetenzraster für einen guten Sachunterricht

Politik und Sozialwissenschaften
Mitgestaltungsmöglichkeiten für die Kinder an Schulleben und Unterricht einrichten

Einrichtungen und Verfahren zur Partizipation am gesellschaftlichen Leben außerhalb der Schule einbeziehen

Die Vielfalt der Gesellschaft im Spiegel der Schulklasse konstruktiv aufzeigen

Techniken zur Beschaffung, Auswertung und Beurteilung von Informationen vermitteln

Unterschiedliche Ansätze der Gesprächsführung anwenden, die Kunst des Zuhörens beherrschen und vermitteln

Gelegenheiten zur Förderung der Nachdenklichkeit wahrnehmen

Geographie
Perspektiven und Darstellungsformen des Raumes (z. B. Karten) vermitteln; Techniken der Orientierung im Raum vermitteln

Aktivitäten zur Gestaltung von Räumen (Innen- und Außenräumen) unter funktionalen und ästhetischen Aspekten anregen

Gegebenheiten und Veränderungen von Räumen beschreiben (Veränderungen des Raums durch menschliche Eingriffe und durch natürliche Prozesse sowie die Wechselwirkung der beiden Faktoren anhand geeigneter Beispiele erklären)

Gelegenheiten zur Förderung der Nachdenklichkeit wahrnehmen

Biologie
Über die Begegnung mit Pflanzen und Tieren Schüler an grundlegende biologische Problemstellungen heranführen

Im Umgang mit Pflanzen und Tieren Artenkenntnisse und Basiswissen über Kennzeichen des Lebendigen vermitteln

Zu einer verantwortlichen Haltung und Pflege von Pflanzen und Tiere in der Schule anregen und anleiten

Grundlegende biologische Arbeitsweisen (z. B. Versuch, Beobachtung, Auswertung) und Darstellungsformen (z. B. Sachzeichnung, Modell) vermitteln

Kenntnisse über Aufbau und Funktionen des menschlichen Körpers und über Bedürfnisse des Menschen vermitteln sowie einen verantwortlichen Umgang mit der eigenen Gesundheit anregen

Gelegenheiten zur Förderung der Nachdenklichkeit wahrnehmen

Physik und Chemie
Rätselhafte Erscheinungen (z. B. kochendes Wasser, brennende Kerze, kartesischer Taucher) vorstellen

Grundlegende Phänomene (z. B. Aggregatzustände, Verbrennungsprozesse, Luftdruck) erklären

Naturwissenschaftliche Arbeitsweisen (z. B. Beobachten, Aufzeichnen, Messen, Protokollieren, Tabellen anlegen, Vermutungen anstellen und nachprüfen) vermitteln

Unter Berücksichtigung der Fragen und Vorschläge von Kindern Versuche organisieren

Gelegenheiten zur Förderung der Nachdenklichkeit wahrnehmen

Technik
Die Funktion einfacher mechanischer Vorrichtungen (z. B. Balkenwaage, Zahnrad) erklären und als Herstellungsprozess für eine Lerngruppe umsetzen

Technische Herstellungsabläufe (z. B. Getreideverarbeitung, Papierherstellung) erklären, modellhaft organisieren und ihre Bedeutung für die Entwicklung der Gesellschaft vermitteln

Entwicklung der Kommunikationstechnologien erklären, modellhaft organisieren und deren Bedeutung für die Entwicklung der Gesellschaft vermitteln

Kinder zur Entfaltung technischer Fantasie und zur Suche nach eigenen Lösungen für Konstruktionsprobleme anregen

Gelegenheiten zur Förderung der Nachdenklichkeit wahrnehmen

Geschichte
Zeitleisten erarbeiten (z. B. 24-Stunden-Tag, eigene Lebensgeschichte, Erdgeschichte) und vielfältig einsetzen

Basiswissen zur Quellenarbeit erfahrbar machen (Unterschied zwischen Darstellung und Quelle klären)

Fähigkeit zur eigenen Rekonstruktion der Vergangenheit vermitteln; Grenzen und Besonderheiten historischen Wissens (als Rekonstruktion vergangener Wirklichkeit) deutlich machen

Die Beschäftigung mit Geschichte für den Umgang mit aktuellen Problemen und Herausforderungen für spezifische Entwicklungsaufgaben der Grundschule nutzen (z. B. interkulturelles Lernen, Geschlechtererziehung, raumbezogenes Lernen)

Gelegenheiten zur Förderung der Nachdenklichkeit wahrnehmen

Nachdenklichkeit fördern

Mit dem „Kompetenzraster" war eine Wunschliste entstanden, die alles enthielt, was auf Anhieb wünschenswert und sinnvoll erschien, vor allem auch die in jedem Bezugsfach immer wieder auftauchende Verpflichtung, Gelegenheiten zur Förderung der Nachdenklichkeit wahrzunehmen. Bei dieser Forderung hatten wir Fragen im Ohr, die von Kindern im Sachunterricht eingebracht, aber nur selten aufgegriffen werden, weil sie „nicht zur Sache gehörig" erscheinen oder einfach zu schwierig sind, sodass die Lehrkraft die verfügbare Zeit lieber ihren selbst formulierten Fragen widmet, deren Antwort sie sich sicher ist.

Es handelt sich bei den Kinderfragen nicht nur um „philosophische" Fragen: Beim Thema Zugvögel erklärt ein Schulkind beispielsweise, es verstehe zwar, dass die Schwalben im Herbst nach Afrika fliegen, aber es sei ihm rätselhaft, weshalb sie im Frühjahr in den Norden zurückkehren würden. Die Frage fällt in das Zuständigkeitsfeld der Biologie. Es ist eine gute Frage, der es sich nachzugehen lohnt. Dabei ist es nicht erforderlich, eine Antwort parat zu haben. Experten können eingeschaltet und Recherchen mithilfe des Internet veranstaltet werden. Andere Fragen sind eher philosophischer Art und wollen in einem Gespräch bearbeitet werden. Bei diesem hat sich die Lehrerin zwar mit ihrer Meinung zur Sache zurückgehalten, muss aber auf höchst konzentrierte Weise für den Fortgang der Untersuchung sorgen.

Interessante Fragen entstehen an den Grenzen von Fachwissenschaft und Philosophie. Sie aufzugreifen und zu verfolgen, verhindert Langeweile und Trivialität bei der Auseinandersetzung mit Sachverhalten im Unterricht. Der Fachbezug kann auf sokratische Weise erschlossen und vertieft werden. Die Kunst der Gesprächsführung ist deshalb Bestandteil der im Sachunterricht erforderlichen Kompetenzen. Im Rahmenplan „Sachunterricht" der Hamburger Schulbehörde werden zu jedem Lernfeld Fragen zur Untersuchung durch die Kinder vorgeschlagen:

- Wovon hängt es ab, ob man glücklich ist? Womit kann man einen Menschen glücklich machen?

- Welche Beispiele gibt es für gerechtes Handeln? Ist es gerecht, wenn immer gemacht wird, was die Mehrheit möchte?

- Wozu brauchen Menschen Regeln? Ginge es auch ohne Regeln? Wer soll über Regeln bestimmen dürfen? Wird es in hundert Jahren die gleichen Regeln in den Schulklassen geben wie heute?

- Müssen sich Erwachsene auch an Regeln halten? Haben es Erwachsene besser als Kinder, weil sie über Kinder bestimmen können?

- Muss man, um sich gut zu verstehen, einer Meinung sein?

- Muss ich zurückschlagen, wenn mich einer schlägt? Bin ich ein Feigling, wenn ich nicht zurückschlage?

- Sollten Kinder mehr Mitspracherechte in der Schule haben?

- Kann man wissen, was ein anderer Mensch fühlt?

- Muss man an Regeln glauben, oder ist es genug, sie einzuhalten?

- Müssen Konflikte immer gelöst werden, oder ist es genug, nebeneinander zu leben?

Bei den Papieren, die bei der Weiterentwicklung des Kompetenz-Modells formuliert wurden, taucht der Hinweis auf die Förderung der Nachdenklichkeit nicht mehr als Extrapunkt auf. Das gemeinsame Nachdenken ist zum integrierten Bestandteil des Kompetenz-Pakets geworden.

Ein Instrument der Selbsteinschätzung

Die Vertreter von Bildungspolitik und Schuladministration setzen in der Nach-PISA-Zeit auf die traditionellen Mittel von Leistungsmessung und Kontrolle, obwohl die Länder mit den besten PISA-Ergebnissen ganz andere Wege beschreiten. Die überall zu vernehmende Rede von der Notwendigkeit, Standards zur Leistungsmessung einzuführen, gewinnt unter diesem Aspekt einen sinistren Sinn. Aber die Identifikation von allgemein zugänglichen Maßstäben für komplexe Kompetenzen dient nicht nur den Kontrollinteressen der Administration, sondern bietet auch eine Chance zur Herstellung von Klarheit und Transparenz, gerade im Bereich der Lehrerbildung: Es ist vorstellbar, mit der Formulierung von allgemeinen Kompetenzen ein Instrument zur Selbsteinschätzung zu gewinnen, das zur Unabhängigkeit der Studierenden beitragen kann.

Das Sprachenportfolio des Europarats als Modell

Eine praktische Hilfe bei der Umsetzung dieser Idee ist das vom Europarat (2001) vorgelegte Sprachenportfolio mit seinem Raster zur Selbstbeurteilung für Schülerinnen und Schüler. Es erscheint prinzipiell auf die Kompetenzen der Sachunterrichtslehrerinnen und -lehrer übertragbar. Auf sechs Stufen (siehe *Abb. 3*) werden hier Zustände zunehmender Lesekompetenz beim Namen genannt. Die Adressaten sind achtzehnjährige Schüler. Sie sollen sich durch Selbstwahrnehmung ihrem Leistungs-Selbstbild zuordnen, um dann Rücksprache mit ihren Lernbegleitern zu nehmen. Diese interaktive Diagnose dient der wechselseitigen Feineinstellung von Selbstbild und Fremdbild und vermeidet die Peinlichkeit üblicher Beurteilungsprozeduren.

Die Art der Formulierung erscheint ebenso plausibel wie der Aufbau der Komptenzstufen. Das „Ich" als Ausgangspunkt der Einschätzung einer Kompetenz signalisiert, dass diese Stufenpyramide ein Instrument zur Selbsteinschätzung ist. Der Fokus auf das Gekonnte, anstelle des Aufzeigens von Defiziten, ist pädagogisch klug und der Sache angemessen, denn es geht um die Ermittlung verfügbaren nutzbringenden Könnens. Eine analoge Form für das Können des Sachunterrichts wäre nicht nur Kontroll- und Evaluationsinstrument, sondern würde auch Transparenz herstellen im undurchsichtigen Beurteilungsprozess. Kann die Vorlage aus dem Sprachenportfolio als Modell für die Identifikation der Kompetenzen im Sachunterricht dienen? Ist eine ähnliche Form erreichbar?

Lesen: eine Sequenz zunehmender Kompetenz aus dem Sprachenportfolio

Stufe 1: Ich kann einzelne vertraute Namen, Wörter und ganz einfache Sätze verstehen, z. B. auf Schildern, Plakaten oder in Katalogen.

Stufe 2: Ich kann ganz kurze, einfache Texte lesen. Ich kann in einfachen Alltagstexten (z. B. Anzeigen, Prospekten, Speisekarten oder Fahrplänen) konkrete, vorhersehbare Informationen auffinden und ich kann kurze, einfache persönliche Briefe verstehen.

Stufe 3: Ich kann Texte verstehen, in denen vor allem sehr gebräuchliche Alltags- oder Berufssprache vorkommt. Ich kann private Briefe verstehen, in denen von Ereignissen, Gefühlen und Wünschen berichtet wird.

Stufe 4: Ich kann Artikel und Berichte über Probleme der Gegenwart lesen und verstehen, in denen die Schreibenden eine bestimmte Haltung oder einen bestimmten Standpunkt vertreten. Ich kann zeitgenössische literarische Prosatexte verstehen.

Stufe 5: Ich kann lange, komplexe Sachtexte und literarische Texte verstehen und Stilunterschiede wahrnehmen. Ich kann Fachartikel und längere technische Anleitungen verstehen, auch wenn sie nicht in meinem Fachgebiet liegen.

Stufe 6: Ich kann praktisch jede Art von geschriebenem Text mühelos lesen, auch wenn sie abstrakt oder inhaltlich und sprachlich komplex sind, z. B. Handbücher, Fachartikel und literarische Werke.

Abb. 3: Auszug aus dem Sprachenportfolio für die Selbstbeurteilung der Lesekompetenz

Die Übertragung auf die Kompetenzliste des Sachunterrichts-Könnens erfordert zwei Aufgaben – die erste ist leicht, die zweite schwer: Kompetenzen und Teilkompetenzen in „Ich"-Formulierungen umzugießen, bietet keine Schwierigkeiten. Dies gilt auch für die von uns für das Sachunterricht-Können ermittelten Aspekte.

Wie aber eine Sequenz finden, die schrittweise Kompetenzen vom Einfachen zum Komplexen nennt und so weiterführt, dass das Können der „Könner" als erarbeitbare und erreichbare Größe sichtbar wird? Drei Schritte führten zur Lösung dieses Problems. Da sie eine Prozedur widerspiegeln, die vermutlich für ähnliche Entscheidungsprozesse in anderen Zusammenhängen gilt, werden sie hier kurz wiedergegeben.

Drei Schritte zum Portfolio für den Sachunterricht

• Schritt 1: Neue Blickrichtungen ins Spiel bringen

Kreative Prozesse brauchen eigenen geistigen Spielraum. Sie dürfen nicht durch allzu genaue Vorgaben eingeengt werden. Für die Entwicklung einer Sequenz von Kompetenzen bedeutet dies: Es ist notwendig, sich von der Vorstellung der Verbindlichkeit der Wunschliste namens Kompetenzraster zu verabschieden. Das Raster ist keine Vorgabe von gesetzlicher Verbindlichkeit, es kann ergänzt und umgeschrieben werden. Trotzdem ist es nicht überflüssig. Die Etappe, die zu seiner Aufstellung führt, ist notwendig, um den Gegenstand des Unternehmens zu fokussieren.

• Schritt 2: Eine Sequenz finden

Das erste Element ist die Nähe zur Sache, zu den Gegenständen des Sachunterrichts. Ohne sachbezogenes Interesse der Lehrkraft ist nur schwer guter Sachunterricht möglich. Sie braucht kein Fachexperte zu sein, aber sie muss sich den Ansprüchen des jeweiligen Bezugsfachs gegenüber aufgeschlossen zeigen. Daraus ergibt sich eine vorläufige Formulierung:

Sachinteresse – die spontane Auseinandersetzung mit Sachverhalten, die den Wissensbestand der einschlägigen Bezugsfächer berühren – ist vorhanden und wird verfolgt.

Wenn man mit der Sache beginnt, so ist es nur konsequent, die folgende Kompetenz dem Kind zu widmen. Eine fundamentale Herausforderung der Ausbildung liegt an der Grenze zwischen dem Umgang mit einzelnen Kindern und dem Umgang mit Schulklassen. Es handelt sich um Kompetenzen unterschiedlicher Komplexität.

Die nächste Kompetenzstufe betrifft die Fähigkeit, einzelne Kinder für Sachfragen zu interessieren. Die Fähigkeit, Lernprozesse für eine Schulklasse arrangieren zu können, ist Ergebnis der praktischen Ausbildung und gehört zu einer später erreichten Ebene. Die vorläufige Formulierung für die Kompetenzliste des Sachunterricht-Könnens:

Umgangsgeschick – die Fähigkeit, das Interesse von Kindern an Vorgängen und Phänomenen zu wecken und zusammen mit den Kindern der Sache nachzugehen – ist im Ansatz gegeben und wird weiter entfaltet.

Vor dem Unterrichten-Können liegt noch die Auseinandersetzung mit didaktischen Konzeptionen und der Gebrauch von Hilfsmitteln für den Sachunterricht – gewissermaßen als „Trockenübung" ohne Schulklasse. Die vorläufige Formulierung für die Kompetenzliste des Sachunterricht-Könnens lautet:

Teilnahme am Diskurs der Sachunterrichts-Didaktiker – die Kenntnis des aktuellen Standes der Diskussion um didaktische Positionen und Ansätze ermöglicht die Entwicklung einer eigenen Position, die mit Argumenten vertreten werden kann.

Der folgende Platz beschreibt die komplexe Kompetenz, das Interesse der Kinder in einer Schulklasse im Rahmen des Sachunterrichts mit dem Studium von Sachverhalten so zu verbinden, dass das Studium der Bezugswissenschaften mit ihren Konzepten und Verfahren angebahnt wird. Die vorläufige Formulierung lautet:

Planung und erfolgreiche Durchführung von Sachunterrichtsstunden – die Alltagspraxis an den Grundschulen – wird zunehmend beherrscht.

Und am Ende steht die Meisterschaft, die durch dauerhaftes Üben entsprechend der allmählichen Perfektionierung des „Pädagogisierten Fachwissens" erreicht werden kann. Für die Kompetenzliste des Sachunterricht-Könnens ist die vorläufige Formulierung:

Meisterschaft – im Sinne der Speicherung erfolgreicher Unterrichtswege durch „Curriculum-Geschichten" oder „Curriculum-Landkarten" im Kontext des pädagogisierten Fachwissens – ist erreicht.

Die entstandene Stufenfolge oszilliert zwischen Sache und Kind: Kompetenzstufe 1 ist ganz sachbezogen, Stufe 2 hingegen ist vor allem kindbezogen. Auf Stufe 3 wird die Vermittlung von Kind und Sache vor allem theoretisch und sachbezogen unternommen – sachbezogen, weil die einzelnen Bezugsfelder ihre je eigene didaktische Variante aus dem Eigensinn des Faches hervorbringen – und auf Stufe 4 findet gewissermaßen die Probe aufs Exempel statt: eine praktische Vermittlung der beiden Größen unter der Ägide des Lerninteresses der Kinder, einer flexiblen und auf Einflussnahme hin angelegten Disposition.

Kind und Sache werden durch die praktischen Erfordernisse des Arbeitsfeldes zusammengebracht und immer stärker miteinander verflochten. Jede der vier ersten Kompetenzstufen (siehe *Abb. 4*) muss erreicht worden sein, damit das Sachunterricht-Können in Meisterschaft ausgeübt werden kann. Die einzelnen Phasen oder Abschnitte der Sequenz sind dabei mehrfach miteinander verflochten. Das beeinträchtigt nicht die Brauchbarkeit dieser Gliederung zur Einteilung des Studiums in sinnvolle Phasen und vor allem zur Selbstbewertung der Studierenden. Denn Transparenz wird hergestellt, weil die Phasen konkret erfahrbare und deutlich voneinander unterscheidbare Abschnitte des Kompetenzzusammenhangs wiedergeben. Dessen Komplexität wird durch Identifikation von Bestandteilen aufgelöst und so bearbeitbar gemacht, dass die Studierenden in der Lage sind, ihre Lücken und ihre Fortschritte selbst einzuschätzen.

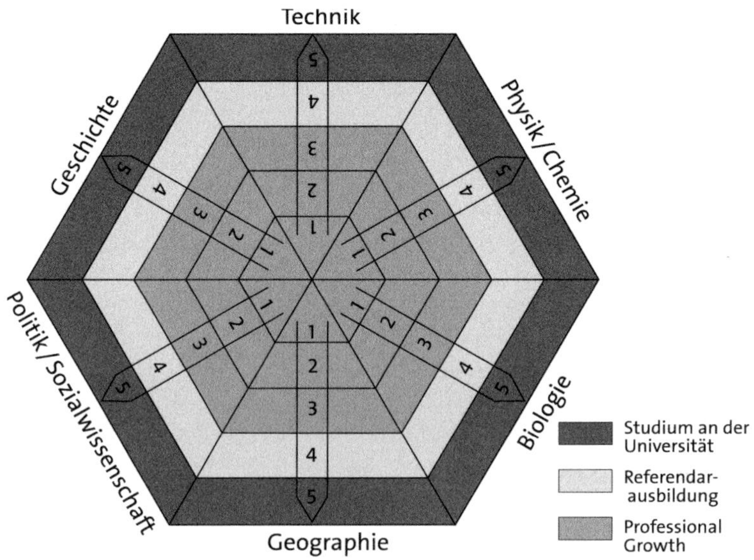

Abb. 4: Die fünf Kompetenzstufen in Form des Hexagons

- **Schritt 3: Korrekturen einbringen**

Bei der Erprobung der einzelnen Phasen in der Ausbildungspraxis ergibt sich die Notwendigkeit von Korrekturen. Es geht dabei nicht nur um zutreffendere Formulierungen, sondern um Korrekturen der ursprünglich zugrunde gelegten Vorstellungen auf den ersten beiden Kompetenzstufen. Wie sich herausstellte, sind Sachinteresse und Sachkenntnis der Studierenden durch den Schulbesuch nicht immer hinreichend gefördert worden. Gleichzeitig verfügt ein beträchtlicher Teil der Studierenden über sachbezogene Kenntnisse und Fertigkeiten aus vorher ausgeübten Berufen, individuell verfolgten Hobbys und Nebenbeschäftigungen. In der Regel nehmen die Studierenden nicht wahr, dass diese außerschulischen Sachkompetenzen für den Sachunterricht umsetzbar sind. Eine der Hauptaufgaben der lehrerbildenden Seminare in der Didaktik des Sachunterrichts scheint darin zu bestehen, das verfügbare Sachwissen für das Studium zu erschließen. Die neue Formulierung von Stufe 1 berücksichtigt diese Aufgabe:

Ich kann meine vorhandenen Erfahrungen mit dem wissenschaftlichen Fachwissen so verknüpfen, dass ein Interesse am Studium der betreffenden Disziplinen entsteht.

Das Umgangsgeschick mit einzelnen Kindern oder kleinen Gruppen von Kindern war ursprünglich als Manipulationsgeschick gedacht: eine Übertragung der Lehrerrolle von der Öffentlichkeit des Unterrichts auf die eher private Sphäre des Umgangs mit Kindern aus Verwandtschaft und Nachbarschaft. Bei der Erhebung von Beispielen stellt sich die Unzulänglichkeit dieser Vorstellung heraus. In der familiären Situation werden die Interessen und Vorstellungen von Kindern maßgeblich. Die Kompetenz besteht weniger darin, Interesse wecken und steuern zu können, als darin, sich mit den Kindern auf die Sache einzulassen und sie so aufzugreifen, dass ein gemeinsames Studium des Sachverhalts folgt. Die neue Fassung berücksichtigt diesen Wechsel der Blickrichtung:

Ich kann das Interesse einzelner Kinder oder kleiner Gruppen von Kindern an einem Vorgang oder einem Phänomen aufgreifen und mich gemeinsam mit den Kindern auf das Studium des betreffenden Sachverhalts einlassen.

Hier die gesamte Sequenz der fünf Kompetenzsstufen in „vorläufig endgültiger" Formulierung:

Kompetenzstufe 1: Ich kann meine vorhandenen Erfahrungen mit dem wissenschaftlichen Fachwissen so verknüpfen, dass ein Interesse am Studium der betreffenden Disziplinen entsteht.

Kompetenzstufe 2: Ich kann das Interesse einzelner Kinder oder kleiner Gruppen von Kindern an einem Vorgang oder einem Phänomen aufgreifen und mich gemeinsam mit den Kindern auf das Studium des betreffenden Sachverhalts einlassen.

Kompetenzstufe 3: Ich kenne den aktuellen Stand des didaktischen Diskurses im Sachunterricht zu dem betreffenden Fachbezug und kann innerhalb dieses Diskurses eine eigene Position vertreten.

Kompetenzstufe 4: Ich kann Lernprozesse für Schulklassen gestalten und dabei das Wissen und die Interessen der Kinder berücksichtigen.

Kompetenzstufe 5: Ich kann praktisch jede Situation aus einem der Fachbezüge aufgreifen und souverän in den Bildungsprozess der Kinder integrieren.

Wir stellen uns vor, dass die ersten drei Stufen dieser Sequenz jeweils in den Zuständigkeitsbereich des Universitätsstudiums fallen, während die vierte Stufe Sache der Referendarausbildung in den Studienseminaren ist und die fünfte Stufe in der Verantwortung jedes einzelnen im Sinne dessen liegt, was man in der angelsächsischen Welt „professional growth" nennt: Fortbildung als lebenslanges Lernen.

Das eigene Kompetenzprofil ermitteln

Die Umwandlung der listenförmigen Kompetenzsequenzen in ein Sechseck eröffnet neue Möglichkeiten der Anwendung im Sinne eines Instruments, mit dem jeder einzelne sein eigenes Kompetenzprofil auf einen Blick ermitteln kann. Die besonderen Stärken und Schwächen des Kompetenzstandes in jedem der Segmente treten – etwa durch Einfärben oder Markieren der Grenzlinien – hervor und erleichtern die möglichst illusionsfreie Selbsteinschätzung und die transparente Fremdeinschätzung. Wir stellen uns vor, dass ein solches Instrument als Steuerungshilfe schon vom ersten Semester an für die Studierenden verfügbar ist. Der Charme des Instruments besteht auch darin, dass die vollständige Okkupation aller Kompetenzbereiche faktisch kaum möglich erscheint: Wir sehen, dass wir auf dem Weg zur Meisterschaft zwar weiterkommen, werden aber auch daran erinnert, dass uns Vollkommenheit vielleicht nur für wenige Augenblicke unseres beruflichen Lebens geschenkt ist.

In diesem Zusammenhang stellt sich eine philosophisch-pädagogische Frage: Wie soll man mit den Schwächen und Stärken am besten umgehen? Soll man alles daran setzen, Schwächen (im Sinne eines „Nachhilfeunterrichts", solche Stellen des Sechsecks, in denen die Kompetenz über die Stufen 1 oder 2 nicht hinauskommt) auszubessern, sodass am Ende ein etwa vergleichbares Niveau in den sechs Fachbezügen erreicht ist? Oder ist es pädagogisch klüger, die Stärken, die sich in einzelnen Bereichen zeigen, besonders auszubauen, sodass am Ende ein „Meisterlehrer" in wenigstens einem der sechs Bereiche hervortritt?

Wahrscheinlich liegt die praktisch brauchbarste Antwort – wie so oft in pädagogischen Zusammenhängen – in der Mitte: Es ist ratsam, die vorhandenen Stärken zu pflegen, aber die Lücken gleichzeitig aufzufüllen. Warum sollte beispielsweise eine Lehrerin, die im Bereich Geschichte ein eigenes Interesse hat und hier besonders viel didaktische Fantasie und pädagogisiertes Fachwissen entwickelt, nicht auch durch die rätselhaften Phänomene, die der Physik zugrunde liegen, gefesselt werden und für den Weg des konkreten Erprobens ein Interesse entwickeln, der zu logisch nachweisbaren Erklärungsmustern führt? Im Horizont der Kinder hängen die Dinge als „Weltwissen" alle miteinander zusammen. Dieser Zusammenhang kann als ein Indiz für die Priorität einer zusammenhängenden Weltsicht gelten, die es im Sachunterricht im Auge zu behalten gilt.

Portfolio – eine hilfreiche Methode zur Beurteilung

„Eine ‚Meister-Lehrerin' führt mit den Eltern ihrer Schülerinnen und Schülern der ersten Klasse am Elternsprechtag jeweils ein halbstündiges Gespräch. Sie spielt vom Tonband zwei Vorleseproben ab, auf denen sie auch selbst mit ihren Hinweisen zu hören ist. Die erste Probe ist vom November, die zweite vom Februar. ‚Ein Kind, bei dem kein Fortschritt zu hören ist, gibt es gar nicht', sagt sie. Die Kinder sind mit ihren Eltern bei dem Gespräch anwesend. Die Lehrerin – man sollte sie treffender Lernbegleiterin nennen – legt eine Mappe auf den Tisch, in dem Schreib-, Rechen- und Zeichenproben des betreffenden Kindes gesammelt sind. Die Kinder suchen sich aus ihren eigenen Unterlagen fünf Belege aus, mit denen sie ihren Eltern zeigen können, was sie in der Schule gemacht haben. Diese fünf Sachen, erklärt die Lehrerin, sind die Grundlage des Gesprächs, und alle Gespräche seien erfreulich." (aus Untersuchung von *Helmut Schreier* 2009, unveröffentlicht)

Das Beispiel belegt die Plausibilität und Überzeugungskraft, die konkreten Arbeitsergebnissen innewohnt. Bei Künstlern und Architekten genügt die Portfoliomappe, in der ausgewählte Belege der bisherigen Arbeit zusammengestellt sind, um Käufern, Kunden und der interessierten Öffentlichkeit zu zeigen, welcher Art die Arbeiten sind, auf die man sich spezialisiert hat, was den eigenen Stil kennzeichnet und welche besonderen Qualitäten man besitzt. Die Belege aus der Portfoliomappe erklären die Sache, von der die Rede ist, und korrigieren auf stumme Weise die Aussagen eines Gesprächs. Um wie viel wichtiger ist dies in dem Geschäft der pädagogischen Beurteilungen, in dem die Kinder in der Schule der dauernden Begutachtung und Beurteilung ausgesetzt sind, und die angehenden Lehrerinnen und Lehrer spätestens mit den Prüfungsarbeiten im Studium ebenfalls einer dauernden Qualitätskontrolle unterzogen werden.

Wir sehen im Portfolio ein Instrument zur Herstellung von Transparenz und Wechselseitigkeit in diesen Zusammenhängen. Wir hoffen, dass eine an den konkret aufweisbaren und positiven Leistungen ausgerichtete Beurteilungspraxis in Studium und Referendariat entsprechende Folgen für die Beurteilung der Leistungen der Kinder nach sich zieht. Wir meinen, dass die Orientierung an der gelungenen Leistung (die Standards sind als „Ich kann"-Aussagen formuliert) zu einer allgemeinen Veränderung der Blickrichtung beitragen kann und die Leistungen guter Lehrkräfte für die erziehungswissenschaftliche Forschung und die gesellschaftlichen Öffentlichkeit endlich wahrnehmbar werden lässt.

Die entlang der fünf Kompetenzstufen aufgezogenen sechs Fachbezüge Politik/Sozialwissenschaften, Geschichte, Technik, Physik, Chemie, Biologie und Geographie sind trotz ihrer Plausibilität nichts anderes als programmatische Aussagen; eine Art spezifizierte Hoffnung darauf, die Kompetenzen des Sachunterrichts zu ermitteln und planvoll zu entwickeln. Sie sind als Entwürfe so lange unanschaulich und blind wie eine beschlagene Fensterscheibe, wie sie nicht durch konkrete Belege in ihren Folgen vor Augen geführt werden. Wir haben deshalb viel Mühe darauf verwandt, Belege zu finden, die das Können auf jeder der Stufen in jedem der Fachgebiete anschaulich machen kann.

Es ist diese Auseinandersetzung mit nachweislich vorhandenen Kompetenzen, die zu der beschriebenen Veränderung unserer eigenen Wahrnehmung bei den Stufen 1 und 2 geführt hat: Erst die Betrachtung der konkreten Konsequenzen hat den Eigensinn dieser beiden Könnensstufen erschlossen, – ein Korrektiv, das uns jedenfalls den guten Sinn empirischer Forschung klar gemacht hat: Erziehungswissenschaftlich forschen heißt, sich mit den konkreten Erscheinungsformen der Unterrichtsarbeit auseinanderzusetzen. Das Studium des Repertoires und der Techniken guter Lehrerinnen und Lehrer ist empirische Forschung im besten Sinn.

Von Hunderten verfügbarer Belege, die als Portfolio für unsere Zwecke in Frage kamen, haben wir dreißig ausgewählt. Es handelt sich um Texte unterschiedlicher Textsorten (Berichte, Essays, Erinnerungen) und Illustrationen (Fotos, Zeichnungen, Bilderfolgen), deren Vielfalt, den typischen Reichtum an Möglichkeiten von Portfolios im Raum von Lehrerausbildung und Unterricht andeutet.

Die Belege der Stufen 1, 2 und 3 sind im Umfeld unserer Seminare zum Sachunterricht entstanden. Die Belege der Stufe 4 entstammen weitgehend der fachdidaktischen Literatur, und die Belege der Stufe 5 schließen die Weltliteratur ein, nicht nur im Sinne eines Überschreitens der fachdidaktischen Grenzen, sondern auch im Hinblick auf ihre internationale Herkunft.

Die Belege wurden so ausgewählt, dass sie die betreffenden Kompetenzen auf besonders klare Weise ausdrücken. Es geht darum, mit den Kompetenzbausteinen ein Bild vom Sachunterricht-Können insgesamt anschaulich werden zu lassen. Jede der fünf Kompetenzstufen zeigt ein eigenes Profil, das sich von dem der anderen unterscheidet. Jeweils zu Beginn gibt es eine allgemeine Charakteristik. Diese wird dann durch Belege für die Bereiche Politik/Sozialwissenschaften, Geographie, Biologie, Physik, Technik und Geschichte ergänzt.

3 BEISPIELHAFTE PORTFOLIOS

Kompetenzstufe 1: Interessen und Erfahrungen ins Spiel bringen

Ich kann meine vorhandenen Erfahrungen mit dem wissenschaftlichen Fachwissen so verknüpfen, dass ein Interesse am Studium der betreffenden Disziplinen entsteht.

Soziologie, Politikwissenschaft, Geschichtswissenschaft, Geographie, Biologie, Physik, Chemie, Technik: Die Reihe der einschlägigen Fachwissenschaften ist Furcht einflößend. Wer wollte behaupten, sich auf all diesen Gebieten auszukennen? Wer vermag auch nur die wichtigsten Konzepte jedes dieser Wissensgebiete zu überblicken?

Selbst eine Person, die während der Schulzeit das Fach favorisiert hat, das sie jetzt im Fachstudium weiterverfolgt und ausbaut, wird nicht einmal über dieses eine Fach alles wissen können. Es ist kein Zufall, wenn Experten sich auf Teilbereiche spezialisieren, weil sie einsehen, dass es ihnen kaum möglich ist, ihre Disziplin in der gesamten Breite zu verfolgen.

Wer von angehenden Lehrerinnen und Lehrern des Sachunterrichts ein Sachwissen erwartet, das sich über sechs wissenschaftliche Fachgebiete erstreckt, erhebt übertriebene Ansprüche. Aber genauso falsch wäre es, in Konsequenz dieser Einsicht auf den Bereich der wissenschaftlichen Fächer ganz zu verzichten und die Welt der Sachverhalte aus der Bildung von Sachunterrichtslehrern herauszunehmen.

Die tragende Idee des Perspektivrahmens der GDSU liegt in der Rückbindung des Sachunterrichts an die Wissensbestände der Wissenschaften. Aus dieser Entscheidung folgt die Notwendigkeit der Einbindung des Sachbezugs in den Bildungsprozess der Sachunterrichtslehrerinnen und -lehrer. Wie aber ist die Einbindung auf dieser ersten Stufe aufzufassen, wenn damit kein totaler Anspruch auf wissenschaftliche Allround-Genies erhoben wird?

Das Sachinteresse und die Sachbezogenheit, die hier eingeklagt sind, betrifft den Zugang zur Welt der Dinge und Sachverhalte. Wenigstens an einer Stelle soll die Verbindung zum Weltwissen gegeben sein. Ein Ansatz, der im Lauf des Studiums weiter ausgebaut und im Lauf des Berufslebens als pädagogisiertes Fachwissen entfaltet werden kann.

Die meisten Studierenden bringen einen persönlichen Zugang zur Welt der Wissenschaft mit. Sie verfügen über Traditionen eigener Auseinandersetzung mit bestimmten Sachverhalten – oft, ohne sich dessen bewusst zu sein. Die Nähe ihrer Hobbys und Lieblingsthemen zu den tradierten Wissensbeständen der Fachwissenschaften erschließt sich den Studierenden erst dann, wenn dieser Zusammenhang ausdrücklich thematisiert wird. Einige Beispiele sollen dies verdeutlichen:

- Ein Studierender ist von Vulkanen fasziniert; er zeigt Dias vom Aufstieg auf den Stromboli und erläutert die verschiedenen Erscheinungen. Die Erklärung, dass es hier um Geographie und Geologie geht, überrascht ihn.

- Eine Studierende hat sich vor ihrem Studium durch das Nähen von Fellmützen ihren Lebensunterhalt verdient. Sie führt die Herstellung vor und zeigt eine fertige Mütze. Dass dies einen Zugang zum technischen Lernen darstellt, ist ein neuer Gedanke für sie.

- Eine Studierende zeichnet leidenschaftlich gern. Dass ihre Bleistiftskizzen über die Entfaltung einer Apfelblüte in den Bereich der Biologie führen, ist ihr zunächst eine befremdliche Vorstellung.

- Einer Studierenden wäre es nicht in den Sinn gekommen, im Tätigkeitsfeld ihres ersten Berufs Hebamme einen für den Sachunterricht einschlägigen Gegenstand zu erkennen. Ähnlich abgekoppelt nehmen Ergotherapeutinnen und Physiotherapeutinnen ihre Tätigkeitsfelder wahr.

Manchmal drängt sich der Eindruck auf, dass die Studierenden an der Pforte zur Hochschule gewissermaßen ihre eigenen Neigungen und Interessen ablegen, ja sogar ihre mühsam erworbenen handwerklichen und beruflichen Kompetenzen zurücklassen. Als ob sie diese Welt der Fachdisziplinen ohne jede Vorgeschichte betreten, um sich der wissenschaftlichen Sicht der Welt auszuliefern. Die Geringschätzung der eigenen Erfahrung verrät eine Disposition, die auf Wiederholung angelegt ist: In der Geringschätzung der eigenen Erfahrung kündigt sich die Geringschätzung der Erfahrung der Kinder im künftigen Sachunterricht an.

Kompetenzstufe 1 – Politik/Sozialwissenschaften

> Ich interessiere mich für gesellschaftliche und politische Fragen und Problem. Ich kann politische Fragen und Prozesse kritisch analysieren.

Die erste Stufe der Kompetenz-Sequenz zielt vor allem auf die Ermutigung der Studierenden ab und ihre eigene Erfahrung mit den Wissensbeständen der Wissenschaft so zu vermitteln, dass die Anschlussfähigkeit für die Entwicklung eines pädagogisierten Fachwissens erkennbar wird. Die Leistung des Seminars besteht darin, die gegebenen Ansatzpunkte und sachbezogenen Fähigkeiten zu ermitteln und den Studierenden zu zeigen, wie sie mit deren Hilfe dem Sachanspruch des Sachunterrichts nachkommen können.

Mona Kiziltas: „Ich beschäftige mich intensiv mit den Folgen meiner Herkunft in einer Gesellschaft, die sich als Nation erfasst und als multiethnisch wahrnimmt." Sie belegt ihr Interesse durch eine Erklärung:

„Heute Abend war ich mit meiner türkischen Freundin Selma im Kino. Wir haben den Film ‚Zimt und Koriander' des griechischen Regisseurs *Tassos Boulmetis* angeschaut. Der Film erzählt die Geschichte eines ‚griechischen' Mannes. Er ist in den 1960er Jahren als kleiner Junge mit seiner Familie aufgrund politischer Konflikte auf der Insel Zypern vom türkischen Staat als so genannter

‚Konstantinopeli' in seine ‚Heimat' Griechenland abgeschoben worden. Aus seiner gewohnten Umgebung gerissen, war er lange Zeit traumatisiert und bis ins hohe Erwachsenenalter oft nicht in der Lage, nach vorne zu schauen. Wie Lots Weib in der Bibel war er zur Salzsäule erstarrt, da er nicht aufhören konnte rückwärts zu blicken. Der Film behandelt Fragen der Identität und des Ursprungs und auch den Kampf von Illusion und Realität. Themen, über die wir an langen Abenden diskutiert haben. Es gab auch eine öffentliche Diskussion des Films. Ein eingeladener Psychologe fragte, nachdem er zuvor einige seiner Interpretationen losgeworden war, ob sich im Publikum auch griechische oder türkische Zuschauer befinden würden. Ich hob meine Hand, legte sie verschämt wieder in meinen Schoß und murmelte: ‚Ich bin die einzige, die sich gemeldet hat.' Ich vernahm ein: ‚Das ist wichtig zu wissen' des Moderators.

Zwischendurch fühlte ich heimliche Blicke auf mir lasten und grübelte, ob meine Aussage, dass ich Türkin bin, überhaupt stimmt. Aber sollte ich mich noch einmal melden und hinzufügen, dass ich einen türkischen Vater und eine deutsche Mutter habe – ich also genauso Deutsche bin. Irgendwie war mir das wichtig und zugleich dachte ich, dass es doch eigentlich egal sei. Weshalb hatte der Moderator gesagt, dass das wichtig sei? Immer wieder dieselbe Frage, dasselbe Thema.

Ich musste auf dem Weg nach Hause daran denken, wie meine Freundin Özlem und ich versucht haben, das Land Aserbaidschan zu verstehen. Dieses Land mit der Bevölkerung aus verschiedenen Volksgruppen und der daraus resultierenden unterschiedlichen historischen, politisch-administrativen, wirtschaftlichen und soziokulturellen Dynamik. Solch ein Vielvölkerstaat, ebenso aber auch unsere Einwanderergesellschaft, ist stets Schauplatz von bestehenden und neuen Auseinandersetzungen.

Viele Auseinandersetzungen haben ihren Ursprung in der Kolonialherrschaft oder einer anderen Fremdherrschaft, die ihre jeweils eigene Ideologie zur einzig gültigen erklärt. Historische Verantwortung wird verleugnet. Suggestive Konstrukte wie Ethnizität und Religion werden erschaffen. Völkervielfalt läuft oft darauf hinaus, dass noch so geringe sprachliche, sozialstrukturelle und konfessionelle Unterschiede zum Krieg führen können. Auch wenn die Gruppen lange Zeit nicht nur nebeneinander, sondern friedlich miteinander gelebt haben.

Christian P. Scherrer (o. J.) schreibt: ‚Eine weitgehend unbedachte Voraussetzung der Idee des Nationalstaates war die Annahme einer ethnisch-homogenen Basis der Nation, d. h. die Behauptung der Identität von Ethnie und Nation.' Im Bezug auf diesen Staat stehe ich also halb als Minderheit und halb als Mehrheit da und fühle immer wieder diesen ethnischen Konflikt, obwohl es sich eher um ‚ein Strukturprinzip kapitalistischer Vergesellschaftung' (vgl. *Sökefeld* 2004) handelt als um eine Frage meiner Wurzeln. Mein Großvater war übrigens Mongole ... Sind wir tatsächlich der Meinung, dass wir ungeachtet der geographischen und sozialen Herkunft zusammengehören, oder geht es darum, festzuhalten, woher jemand stammt? Was wirklich wichtig wäre, ist die Bearbeitung dieser ganzen Situation in der Schule, mit den Kindern."

Kompetenzstufe 1 – Bezugswissenschaft Geographie

> Ich kann selbst Strukturen des Raumes wahrnehmen und erfassen, Veränderungen feststellen und Karten lesen und zeichnen.

Martin Ziebuhr: „Ich kann ein Modell des Schulgebäudes bauen." Er belegt sein Können durch eine Fotoserie, mit der er den Modellbau in neun Schritten vorstellt. Sein neuartiges Verfahren für den Modellbau nutzt die Möglichkeiten der elektronischen Datenverarbeitung (siehe *Abb. 5 a* und *b*).

Modellbau

Schritt 1: Maßstab festlegen und den Grundriss erstellen

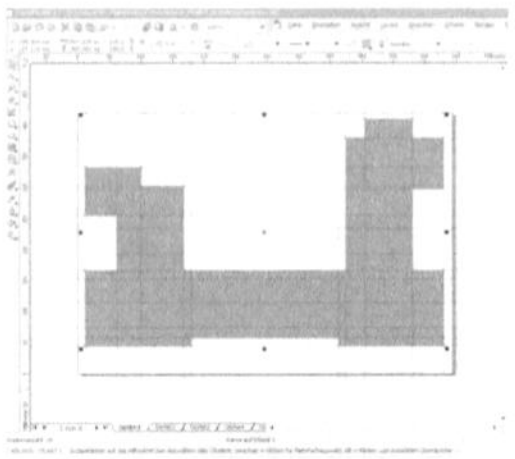

Schritt 2: Übersichts- und Detailfotos erstellen

Schritt 3: In einem Vektorgrafik-Programm werden die Umrisse der einzelnen Bauteile mithilfe der Übersichtfotos maßstabsgetreu erstellt.

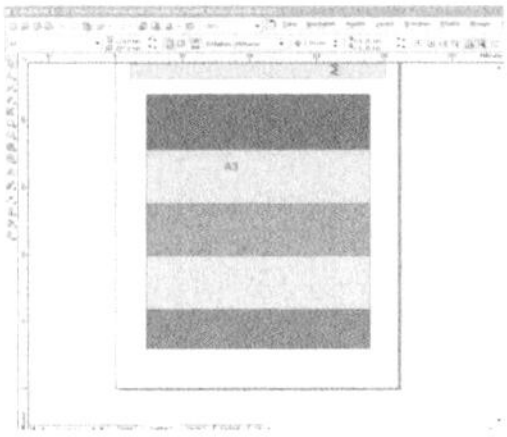

Schritt 4: Die Umrisse werden mit einer passenden Textur ausgefüllt.

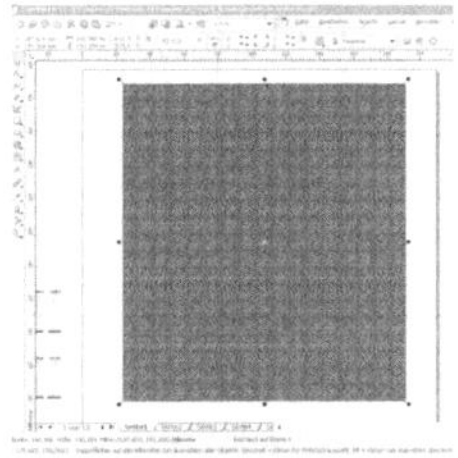

Schritt 5: Details werden mit einem Grafikprogramm freigestellt und in die Bauteile eingefügt.

Abb. 5 a: Das maßstabsgetreue Modell und der Nachbau eines Schulgebäudes

Schritt 6: Die fertigen Bauteile werden ausgedruckt, laminiert und ausgeschnitten.

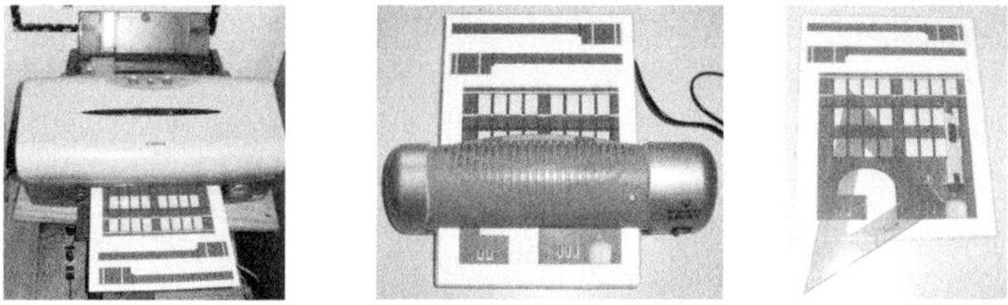

Schritt 7: Zu den Bauteilen werden passende Sperrholzträger aussägt. Mit Kraftkleber werden diese zusammengefügt.

Schritt 8: Vierkantprofile werden an der Innenseite angeleimt.

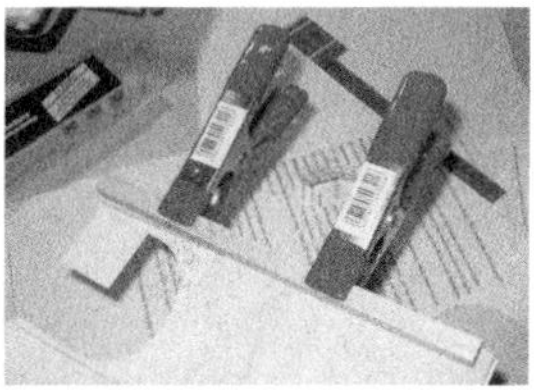

Schritt 9: Die fertigen Bauelemente werden miteinander verbunden (Holzleim).

Schritt 10: Das Dach wird aufgesetzt. Die Dachkonstruktion muss nicht mit Sperrholz verstärkt werden. Heißkleber an den Verbindungsstellen sorgt für ausreichende Stabilität.

Abb. 5 b: Das maßstabsgetreue Modell und der Nachbau eines Schulgebäudes

Kompetenzstufe 1 – Bezugswissenschaft Biologie

> Ich gehe meinem Interesse an Lebensformen von Pflanzen, Tieren und Menschen nach und kann vergleichende Beobachtungen anstellen und festhalten.

Karin van der Lubbe: „Ich kann eine Naturbeobachtung langfristig durchführen und aufzeichnen." Sie belegt ihr Können durch ein Tagebuch, in dem sie die Veränderungen eines Sauerkirschbaumes ein ganzes Jahr lang beschrieben und mit Zeichnungen belegt hat (siehe *Abb. 6,* ein Beispiel).

Abb. 6: Der kleine Sauerkirschbaum

Kompetenzstufe 1 – Bezugswissenschaft Physik/Chemie

> Ich kann alltägliche Naturphänomene hinterfragen und physikalisches bzw. chemisches Wissen zur Erklärung heranziehen.
>
> Ich kann selbst einfache Versuche durchführen und dokumentieren sowie Schlüsse daraus ziehen.

Corinna Hamann: „Ich kann die Vorgänge beim Kochen in der Küche mit Chemie in Zusammenhang bringen." Als Beleg gibt sie eine Darstellung ihrer Erfahrungen und Recherchen bei der Küchenarbeit.

„Die Küche hatte auf mich schon immer eine ungeheure Anziehungskraft. Schon als Kind war ich fasziniert von den vielen verschiedenen Töpfen mit scheinbar demselben Inhalt – Salz, Zucker, Mehl – und von dem, was man aus diesen Zutaten zaubern konnte. Gespannt schaute ich meiner Mutter beim Kochen und Backen zu und durfte mit zunehmendem Alter immer mehr selbst mischen, rühren und kochen. Die Begeisterung für das Kochen hat sich bei mir bis heute erhalten. Ich finde es spannend, neue Rezepte auszuprobieren. Das Zusammensuchen und Abwiegen der Zutaten macht Spaß, und das Resultat des Umwandlungsprozesses der Zutaten beim Kochen versetzt mich jedes Mal in Erstaunen.

Besonderes Interesse rief schon während meiner Kindheit das Kuchenbacken hervor. Während des Backens saß ich vor der Ofentür, um nicht den Moment zu verpassen, in dem sich der Teig langsam zu wölben beginnt – der Anfang eines Prozesses, der aus dem fast flüssigen Teig einen festen Kuchen machte. Auch das Sahneschlagen war rätselhaft: Wieso blieb die steifgeschlagene Sahne regungslos und unbeeindruckt von der Erdanziehungskraft im Rührtopf hängen, wenn man ihn umdrehte, während die noch nicht ganz fertig geschlagene Sahne herauslief?

Die größte Herausforderung beim Kochen war die Herstellung einer Mehlschwitze. Die Soße anzudicken, ohne dass sich Klümpchen bildeten, war Geduldsspiel und Können zugleich. In dem Buch „Rätsel der Kochkunst" fand ich eine Erklärung, warum das Mehl die Soße verdickt (vgl. *This-Benckhard* 2003). Erhitzt man die zur Soße hinzugegebene Stärke, bilden sich Wasserstoffbrücken zwischen den Stärke- und den Wassermolekülen in der Soße. Das Wasser dringt in die Stärkekörner ein, sie quellen auf. Die Polysaccharide Amylose und Amylopektin in der Soße werden gelöst. Diese Teilchen sind sehr sperrig, sodass die Fließfähigkeit des Wassers abnimmt und die Sauce dickflüssig wird. Die größte Viskosität liegt zwischen 79–96 °C, weshalb man die Mehlschwitze beim Anrühren von der Kochstelle nehmen sollte. Temperaturen über diesem Wert führen zu einer erneuten Verflüssigung der Sauce. Durch stetiges Rühren werden Klümpchen verhindert, und es entsteht eine gleichmäßige Masse.

Es gibt viele Phänomene, die beim Kochen und Backen beobachtet werden können. Während ich heute mit dem Wissen lebe, dass Kochen Chemie in einer ihrer ursprünglichen Gestalten ist, war es in meiner Kindheit eher wie Alchemie oder Zauberei. Nicht umsonst heißt eine Redewendung ‚Etwas zu essen zaubern'."

Kompetenzstufe 1 – Bezugswissenschaft Technik

Ich kann die Funktionsweise einfacher Maschinen – Waage, Bohrer, Salatschleuder – anhand von Zeichnungen zeigen. Ich kann einfache Werkzeuge – Säge, Schraubendreher, Stricknadel, Feile – sachgemäß nutzen und gesellschaftliche Folgen der technischen Entwicklung anhand von Beispielen beschreiben.

Natalie Kowaltschuk: „Ich kann stricken und kenne die historische Entwicklung dieser Technik." Als Beleg liefert sie ein Schaubild (*Abb. 7*) mit Proben ihres Könnens und einen ausführlichen Text, aus dem hier ein kurzer Auszug wiedergegeben ist.

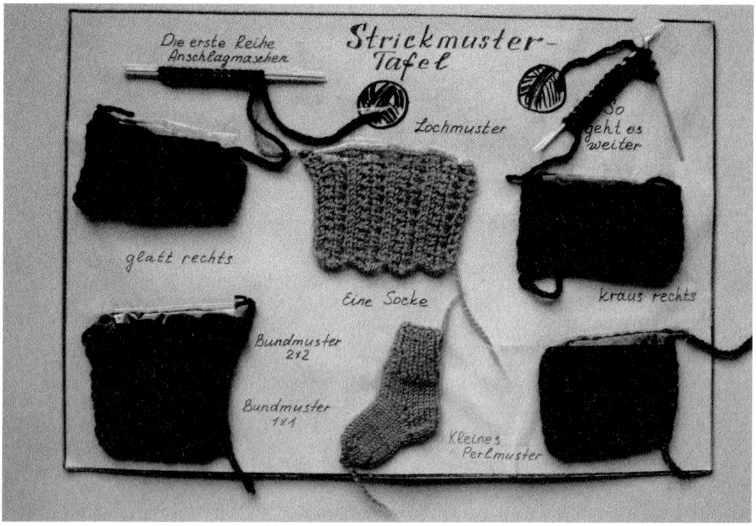

Abb. 7: Eine Strickmustertafel mit Anschauungsmaterial

„Seit 25 Jahren ist das Stricken mein Hobby und meine Leidenschaft. Gestrickt habe ich immer gern und viel. Hunderte unterschiedliche Sachen sind entstanden, von Mützen und Socken bis Tischdecken, Kissen und Plüschtieren. Es gibt inzwischen kein Muster, das ich nicht schaffen kann. Stricken war für mich nicht immer nur Hobby und Zeitvertreib. Manchmal musste ich die gestrickten Sachen aus finanziellen Gründen verkaufen. Das brachte mir auch die Anerkennung meiner Arbeit ein.

In der Schule hatte ich gehört, dass früher nur Männer gestrickt haben. Das war für mich eine Überraschung: Ich hatte noch nie einen strickenden Mann gesehen. Viel später schon. Der alte Physiklehrer von mir konnte das auch. Ich habe ihm bei der Arbeit mit großen Augen zugeschaut: Das war schon was Ungewöhnliches, ein Mann, der strickt. Jahre später habe ich meinen Mann auch damit angesteckt. Er strickt, aber mithilfe einer Strickmaschine, ganz männlich.

Seit meiner Kindheit interessierte ich mich für die Geschichte des Strickens. Ich überlegte immer wieder, wie wohl die Leute früher gestrickt haben. Hatten sie schon damals Stricknadeln und welcher Art, oder haben sie die Maschen mithilfe ihrer Finger gefertigt? Das geht doch auch, ich habe es ausprobiert. Heute weiß ich, dass das Stricken eine der ältesten stoffbildenden Techniken überhaupt ist. Die Wissenschaft nimmt an, dass Stoffe, bei denen Maschen die Grundformen bilden, eher gefertigt wurden als solche, die durch die Bindung von Fäden entstehen, also gewebt sind. Maschen können ohne jegliche Hilfsgeräte mit den Fingern oder den Zehen gebildet werden. Dem Stricken ging wohl eine Flechttechnik voraus, bei der man in einen vorgespannten Faden Schlingen einhängte. Dieser Arbeitsgang konnte reihenweise, aber auch in der Runde ausgeführt werden.

Das entstehende Gewebe ist dehnbar. Die gebildeten Maschen stehen wie beim Stricken horizontal übereinander. Später wurden die Maschen mit zwei Nadeln, die aus Knochen oder Holz gefertigt waren, in der Weise gebildet, wie wir es heute beim Stricken noch tun: In einer Anfangsschlinge, die auf der linken Nadel liegt, wird mit einer zweiten Nadel eine neue Schlinge gehängt und als Masche auf die Nadel gehoben.

Die moderne Textilindustrie lässt viele neue Stoffe entstehen, praktischer und billiger, aber die Kunst des Strickens bleibt trotzdem aktuell. Die Entstehung eines Pullovers aus einem Wollknäuel mithilfe von zwei Nadeln ist ist für mich immer wieder faszinierend, und ich möchte, dass die Kinder auch heute diese Erfahrung machen. Heutzutage sind viele alte Handwerkstechniken verschwunden und in Vergessenheit geraten. Von manchen werden wir wohl nie erfahren. Das Stricken ist und bleibt ein Handwerk, bei dem alles nach dem alten Schema abläuft. Man muss nur anfangen zu stricken, um zu sehen, wie die Leute das früher gemacht haben. Dies ist eine Art lebendige Geschichte. Es kann sehr aufschlussreich für Kinder sein zu ahnen, was für eine lange Erfahrung der Menschheit da tradiert wird."

Kompetenzstufe 1 – Bezugswissenschaft Geschichte

> Ich kenne verschiedene Arten von Quellen (Sach-, Bild- und Schriftquellen sowie Zeitzeugenberichte). Ich kann eine historische Quelle von einer Darstellung unterscheiden, und ich kann verschiedene Zeitleisten herstellen.

Mandy Rohde: „Ich kann meine Lebensgeschichte in die Geschichte Deutschlands einordnen und dazu eine Zeitleiste anlegen." Als Beleg gibt sie eine Schilderung der Verhältnisse vor der Wiedervereinigung, ihre Gespräche mit Zeitzeugen und eine Zeitleiste. Auszüge aus ihrem Text:

„Ich wurde 1979 in Mecklenburg-Vorpommern geboren. Zu dieser Zeit gab es noch die DDR, und ich habe mein Kleinkindalter und die Grundschulzeit in der DDR verlebt. Deshalb wurden meine ersten elf Jahre auch von der sozialistischen Bildung beeinflusst. Hier sind mir besonders noch das Pionier-Sein, der Besuch von russischen Kindern in unserer Schule, der Samstagsunterricht und die Arbeitsgemeinschaften in Erinnerung geblieben.

Die Wende habe ich folgendermaßen erlebt: Es herrschte eine große Aufregung, und als mein Vater zu uns sagte, die Grenzen werden heute geöffnet, packten wir alle ein paar Sachen ein und fuhren mitten in der Nacht los, um unsere Verwandten in Kiel zu besuchen. Auf der Westseite standen viele Leute und begrüßten uns. Einige Kinder steckten uns Bilderbücher und andere Spielzeuge ins Auto. Ich wusste gar nicht, warum alle so aufgeregt waren und wir so viel geschenkt bekamen. Bei unseren Verwandten angekommen, gingen wir vormittags in ein Kaufhaus. Ich war ziemlich beeindruckt von den vielen bunten Spielzeugen und kaufte mir von unserem Begrüßungsgeld gleich eine ganze Barbie-Puppen-Familie. Als Kind merkte ich schon die allgemeine Aufregung, die Freude und die Veränderung, aber so richtig verstanden habe ich es nicht.

Deshalb habe ich mich später in der Oberstufe mit der Geschichte der DDR und damit auch mit einem Teil meiner Lebensgeschichte beschäftigt. Ich wollte erfahren, was die DDR ausmachte und wieso alle so froh waren, dass die Wende kam. Hierfür sammelte ich viele Sach-, Bild- und Schriftquellen, die es bei uns zu Hause noch reichlich gab.

Außerdem befragte ich Zeitzeugen, wie zum Beispiel meine Eltern. Mein Vater erzählte mir die Geschichte von seinem besten Schulfreund, der etwas Feindliches über den Staat geäußert hatte und dafür ins Gefängnis musste. Es wurde behauptet, dass er von der BRD gekauft wurde und ‚rüberwechseln' durfte. Nach der Wende versuchte mein Vater, ihn zu finden, und wurde in Hamburg fündig. Das Wiedersehen war sehr emotional und ist mir noch sehr gut in Erinnerung.

Die Eltern einer Bekannten lebten in einem Dorf nahe der Elbe. Diese so genannte Dorfrepublik wurde stark bewacht und von der Umwelt abgeschirmt. Der Zugang wurde von einem Grenzbeamtem kontrolliert. Nachts war der Zugang ganz geschlossen. Nachdem die Bekannte geheiratet hatte, durfte sie ihre Eltern, die weiterhin dem Dorf lebten, nicht mehr besuchen. Aber sie ließ sich dann immer im Kofferraum eines Trabants mitschmuggeln, um ihre Eltern zu sehen.

Eine andere Bekannte, die Gemeindeschwester war, wurde immer stark bedrängt, in die SED einzutreten, mit der Begründung, dass sie durch ihren Beruf doch eine Art öffentliche Person sei und dazu noch kirchlich.

Ich habe erlebt, dass die Menschen in der DDR sehr eingeschränkt wurden. Es gab kein Recht auf Meinungsfreiheit, es gab eine starke Überwachung, und man musste vorsichtig sein, mit wem man redete. Auch die eingeschränkte Reisefreiheit machte den Leuten zu schaffen. Es wurde ein großer Druck auf die Leute ausgeübt, die nicht der SED beitreten wollten. Die Menschen waren sehr unzufrieden und hatten teilweise Angst. Außerdem gab es Unmut darüber, dass nur bestimmte Personen so genannte Luxusartikel haben durften (Telefon, Auto, Westprodukte). Obwohl alle Bürger gleich sein sollten, gab es Unterschiede.

Die Verbote, die Eingeschränktheiten, die Unterschiede und die Überwachung förderten den Unmut der Bürger. Als Kind habe ich davon nicht viel mitbekommen. Ich empfand und empfinde meine Kindheit in der DDR als sehr schön. Auch das Pionier-Sein hatte ich nicht als sozialistische Erziehung zum republiktreuen Bürger und als Überwachungsmethode erlebt.Heute, nachdem ich mich damit näher befasst habe, verstehe ich die Hintergründe, die Geschichte der DDR, die Wende und meinen Lebensabschnitt in der DDR besser.

Bei meiner Zeitleiste habe ich den Maßstab 1 cm = 1 Jahr gewählt. Ich habe ab dem Jahr 1945 angefangen, Daten einzutragen. Die letzte Jahreszahl ist das Jahr 2005. Meine Zeitleiste macht durch Pfeile deutlich, dass Geschichte sowohl davor als auch in Zukunft weitergeht. Die mir wichtigen Daten zur Geschichte der DDR – aber auch die zur Geschichte der BRD – habe ich blau unter der Zeitleiste aufgeschrieben und teilweise illustriert. Meine Lebensdaten habe ich grün darüber geschrieben und illustriert.

1945 habe ich als ersten Punkt gewählt, weil in diesem Jahr der zweite Weltkrieg beendet und Deutschland unter den Siegermächten England, Frankreich, USA und Russland in die so genannten Besatzungszonen aufgeteilt wurde. Diese waren der Beginn für die spätere Teilung Deutschlands in die BRD und die DDR. Die Gründung der beiden Staaten fand am 23./24. 5. 1949 bzw. am 7. 10. 1949 statt. Bau und Fall der Mauer (1961, 1989) sind weitere wichtige Eckdaten. Weitere mir wichtige Daten sind die Währungsunion (1. 7. 1990), die Wiedervereinigung (3. 10. 1990) und die Einführung des Euro (2002).

Meine persönlichen Daten laufen parallel mit der Geschichte Deutschlands. Noch kurz vor dem Fall der Mauer (1989) wurde ich Ernst-Thälmann-Pionier und erhielt mein rotes Halstuch. Die Wiedervereinigung beeinflusste auch mein Schulleben. Statt in die POS (Polytechnische Oberschule) zu gehen, besuchte ich jetzt ein Gymnasium, da nach der Wende das Bildungssystem neu gestaltet wurde. Auf meiner Zeitleiste kann ich andeuten, dass Geschichte sehr komplex ist. Es läuft vieles parallel (DDR-Geschichte, BRD-Geschichte, persönliche Lebensgeschichte) und beeinflusst einander wechselseitig. Dass die Geschichte eine Interpretationssache ist, muss ich ebenfalls erkennen. Ich interpretiere zum Beispiel die Zeitzeugenberichte, die auch schon sehr subjektiv erzählt wurden.“

Kompentenzstufe 2: Interesse ist keine Einbahnstraße

Ich kann das Interesse einzelner Kinder oder kleiner Gruppen von Kindern an einem Vorgang oder einem Phänomen aufgreifen und mich gemeinsam mit den Kindern auf das Studium des betreffenden Sachverhalts einlassen.

Bei dem Aufbau von Kompetenzen – Stufe um Stufe – bezeichnet diese Kompetenzstufe die Fähigkeit des Umgangs mit einzelnen Kindern, z. B. Nichten und Neffen, mit Kindern aus der Nachbarschaft oder einer Gruppe, der man als Studierende angehört, aber auch mit den eigenen Kindern im Hinblick auf deren Interesse am Weltwissen. Das Umgangsgeschick mit Kindern in derartigen Situationen unterscheidet sich grundsätzlich von dem Geschick, mit einer Schulklasse umzugehen. Der Erfolg des Schulunterrichts ist weitgehend von der guten Organisation der Lernprozesse abhängig, während der zufrieden stellende Umgang mit einzelnen Kindern eine Funktion von Haltungen wie Aufmerksamkeit, Aufgeschlossenheit und Zugewandtheit darstellt und als erfolgreiche Wechselwirkung im Sinne eines Austauschs zwischen Kind und Erwachsenem über und mit der Sache beschrieben werden kann. Die Kompetenz, eine Schulklasse unterrichten zu können, ist umfassender und komplexer als die Kompetenz, mit einzelnen Kindern umgehen zu können. Und doch ist die Kompetenzstufe 2 eine Teilkompetenz von jener weiter ausgebildeten Fähigkeit der Kompetenzstufe 4.

Stufe 2 war ursprünglich selbst als Lehrkompetenz formuliert worden: Die Redewendung „Interesse wecken und hervorrufen" war zentral, als ob es darauf ankäme, den Kindern eine Sache gewissermaßen schmackhaft zu machen, an der sie ohne den Erwachsenen vorübergegangen wären. Die Portfoliobeispiele legten dann eine völlig andere Akzentuierung nahe, die in der aktuellen Fassung festgehalten wurde: Es geht um das diagnostische Gespür für das kindliche Interesse, darum, diesem Interesse gerecht zu werden und ihm mit dem Kind gemeinsam nachzugehen in einem Prozess, der treffend als gemeinsames Studium bezeichnet werden kann.

Wie bereits bei anderen Aspekten unseres Themas zeigt sich, dass *Martin Wagenschein* (1974) für dieses Vorgehen längst eine treffende Formulierung geprägt hat. „Mit dem Kinde von der Sache aus, die für das Kind die Sache ist."

Die Fähigkeit des Vernehmens

Das kindliche Interesse ist nicht immer leicht zu ermitteln. Kinder sind es gewohnt, ihre Wünsche rasch und ohne Umstände zu äußern. Konfrontiert mit der Aufforderung, ihre Interessen zu nennen, greifen sie oft zum nächstbesten Gegenstand, der ihnen einfällt. Dabei spielen Einflüsse wie das Fernsehen oder Modespielzeug eine tonangebende Rolle. Es ist nicht zwingend, dass Aussagen, die auf diese Weise zustande kommen, die tatsächlichen Interessen eines Kindes fassen. Manche Interessen, auch wenn sie mächtig wirken, sind den Kindern selbst kaum zu formulieren möglich.

Sie sind noch unerfahren, der Überblick über die Optionen des Lebens fehlt ihnen, und sie brauchen einen Erwachsenen, der sie aufmerksam anschaut und sich darauf versteht, das zu erkennen, was gewissermaßen in ihnen wirkt und für ihr geistiges Wachstum sinnvoll sein könnte. Aber der Blick der Experten muss auf Verhandlung angelegt sein, nicht auf Zuteilung von Aufgaben. Vielleicht ist das Wort „Vernehmen" an dieser Stelle erforderlich, um den Prozess des Sich-Einlassens mit Kindern und Sachen akkurat zu beschreiben: sich hinwenden und aufmerksam zuhören, um zu vernehmen, wie man das Weltwissen gemeinsam verfolgen kann.

Um diese möglicherweise „abgehoben" erscheinenden Formulierungen mit einem Beispiel zu illustrieren, sei ein kurzer Auszug aus dem Bericht einer Mutter wiedergegeben, der die wachsame Aufgeschlossenheit dem Kind und der Sache gegenüber zum Ausdruck bringt. Der Text ist von *Susanne Feldmann*.

„Nach einem Sommertag an einem italienischen See machten meine Tochter (Katharina, 7 Jahre) und ich uns auf den Weg zu einer Wiese, um nach Sternschnuppen Ausschau zu halten. In dem vorangegangenen Gespräch hatte Katharina bezweifelt, dass es Sternschnuppen gibt. Das hätten wir uns ja alles nur ausgedacht: ,Die gibt es doch nur im Märchen!' Ich wollte sie nun vom Gegenteil überzeugen. Als wir auf die Wiese traten, bot sich uns ein atemberaubender Anblick. Es war dunkel und der Himmel voller Sterne. Katharinas Frage, weshalb der Mond heute so komisch aussehen würde, versuchte ich zu beantworten: ,Je nachdem, wie Sonne, Erde und Mond zueinander stehen, ist der Mond für uns auf der Erde unterschiedlich sichtbar. Manchmal kann man sogar den eigentlich dunklen Teil des Mondes erkennen, so wie heute abend.' Ich sagte, dass sich alles umeinander dreht: die Erde am Tag einmal um sich selber, der Mond einmal im Monat um die Erde, und Erde und Mond zusammen einmal im Jahr um die Sonne. Katharina gab sich vorerst damit zufrieden.

Wir bewunderten gemeinsam eine ganze Zeit lang die Aussicht in den Himmel, betrachteten die unterschiedlich stark leuchtenden Sterne, und wir sahen nach einiger Zeit eine Sternschnuppe. Katharina war beeindruckt, und ich war glücklich, dass ich ihr dieses zeigen konnte.

Ich erzählte ihr dann noch, dass manche Sterne, die wir gerade sehen, schon nicht mehr existieren, da sie so weit von der Erde entfernt sind und ihr Licht so lange braucht, um uns zu erreichen. Sie hörte zwar aufmerksam zu und war sehr erstaunt, aber ich hatte den Eindruck, dass sie meine Erzählung in ihren Gedanken ähnlich einsortierte wie die Berichte über die Sternschnuppen vor unserer Exkursion.

Der Feststellung Katharinas, dass der hellste Stern wohl ihr toter Großvater sei, konnte und wollte ich nicht widersprechen – die Idee gefiel mir."

Hier geschieht eigentlich wenig: Mutter und Tochter betrachten den Nachthimmel mit Mond und Sternen. Sie tauschen ihre Vermutungen, ihre Erklärungen aus. Wie nebenbei wird als einziges Faktum etabliert, dass es Sternschnuppen gibt. Alles andere bleibt in der Schwebe. Dass man einander zuhört und dass das Naturphänomen in gewisser Weise selbst zu Worte kommt, ist bereits genug.

Kompetenzstufe 2 – Bezugswissenschaft Politik/ Sozialwissenschaften

> Ich kann mit einzelnen Kindern gesellschaftliche und politische Themen so ansprechen, dass sie eigene Fragen formulieren. Ich kann ihre Fragen gemeinsam mit ihnen in kleinen Projekten verfolgen.

Marco Sievers: „Ich kann mit der Schulzeitungs-AG einer Grundschule eine Schulzeitung machen." Er gibt als Beleg ein Exemplar der Schulzeitung „Ask me" (siehe *Abb. 8*). Das Projekt des Zeitungsmachens mit Kindern schließt viele Diskussions- und Entscheidungsprozesse innerhalb der Redaktionsrunde ein. Gleichzeitig wird der politische Blick durch Kontakte mit Schülern und Lehrern außerhalb dieses Zirkels geschult.

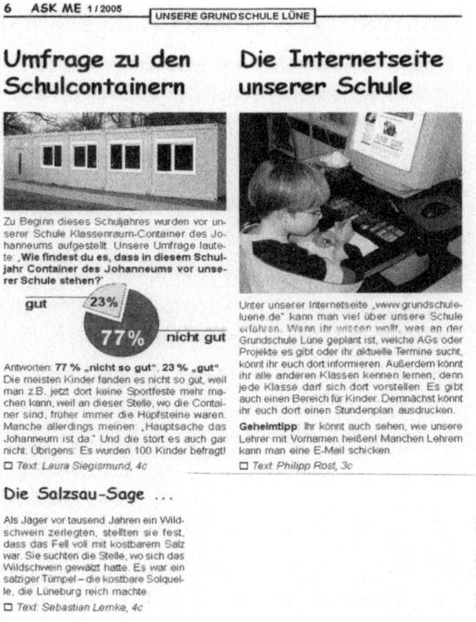

6 ASK ME 1/2005 UNSERE GRUNDSCHULE LÜNE

Umfrage zu den Schulcontainern

Zu Beginn dieses Schuljahres wurden vor unserer Schule Klassenraum-Container des Johanneums aufgestellt. Unsere Umfrage lautete: **„Wie findest du es, dass in diesem Schuljahr Container des Johanneums vor unserer Schule stehen?"**

gut 23% / 77% nicht gut

Antworten: **77 % „nicht so gut", 23 % „gut"**. Die meisten Kinder fanden es nicht so gut, weil man z.B. jetzt dort keine Sportfeste mehr machen kann, weil an dieser Stelle, wo die Container sind, früher immer die Hüpfsteine waren. Manche allerdings meinen: „Hauptsache das Johanneum ist da." Und die stört es auch gar nicht. Übrigens: Es wurden 100 Kinder befragt!

☐ *Text: Laura Siegismund, 4c*

Die Internetseite unserer Schule

Unter unserer Internetseite „www.grundschule-luene.de" kann man viel über unsere Schule erfahren. Wenn ihr wissen wollt, was an der Grundschule Lüne geplant ist, welche AGs oder Projekte es gibt oder ihr aktuelle Termine sucht, könnt ihr euch dort informieren. Außerdem könnt ihr alle anderen Klassen kennen lernen, denn jede Klasse darf sich dort vorstellen. Es gibt auch einen Bereich für Kinder. Demnächst könnt ihr euch dort einen Stundenplan ausdrucken.

Geheimtipp: Ihr könnt auch sehen, wie unsere Lehrer mit Vornamen heißen! Manchen Lehrern kann man eine E-Mail schicken.

☐ *Text: Philipp Rost, 3c*

Die Salzsau-Sage ...

Als Jäger vor tausend Jahren ein Wildschwein zerlegten, stellten sie fest, dass das Fell voll mit kostbarem Salz war. Sie suchten die Stelle, wo sich das Wildschwein gewälzt hatte. Es war ein salziger Tümpel – die kostbare Solquelle, die Lüneburg reich machte.

☐ *Text: Sebastian Lemke, 4c*

Abb. 8: Eine Seite der Schülerzeitung „Ask me":

Kompetenzstufe 2 – Bezugswissenschaft Geographie

> Ich kann mit einzelnen Kindern einen Raum erkunden und abbilden, das räumliche Muster eines Vorgangs studieren und die vielen Ansichten einer geographischen Erscheinung verfolgen.

Miriam Mezler: „Ich kann das System der Abwasserreinigung zusammen mit meinem Sohn auskundschaften." Sie belegt ihre Kompetenz mit der Schilderung des gemeinsamen „Studiums" ausgehend von der Besichtigung des Sielsystems und des Klärwerks.

„Mein Sohn verschluckte eines Abends kurz vor dem Schlafengehen seinen wackligen Schneidezahn. Zähne zu verlieren ist ein wichtiger Beleg für das ‚Größerwerden' und wird oft ritualisiert, indem z. B. die Zahnfee nachts die ausgefallenen Zähne gegen eine Überraschung austauscht. Bei uns kommt keine Zahnfee, aber die ausgefallenen Zähne werden wie eine Trophäe in einer kleinen Schatzkiste gesammelt. Was macht man aber, wenn ein wackliger Zahn ausfällt und dann verschluckt wird?

Die vielleicht einfachste Vorstellung ist die, dass der Zahn einmal durch den Körper wandert und später in der Toilette wiederentdeckt wird. Die Frage, ob der Zahn im Körper irgendwo hängen bleiben oder festwachsen, vielleicht an empfindlichen Stellen sogar Schmerzen hervorrufen könnte, stellte sich meinen Kindern nicht. Für sie war es klar, dass ‚das, was oben reinkommt, auch unten wieder rauskommt'. Es ist bloß eine Frage der Zeit. Die Frage, die meinen Sohn damals vor allem beschäftigte, war die folgende: ‚Was passiert mit meinem Zahn, wenn ihn keiner in der Toilette entdeckt, und der Zahn in der Toilette verschwindet?'

Damit er erst einmal gut einschlafen konnte, habe ich ihm erzählt, dass der Zahn dann einen langen Weg vor sich hat. Für meinen Sohn stand es außer Frage, dass der Zahn irgendwann im Meer landen würde, dort von einem Fisch verschluckt werden würde und später an irgendeinem Strand wie eine Muschel angespült und von ihm gefunden würde.

Gemeinsam studierten wir in der Folgezeit das Sielsystem und die Abwasserreinigung in Hamburg, immer mit der Frage: Was passiert in diesem System mit einem Zahn? Hat er eine Chance zu ‚überleben‘? Die Siele kann der Zahn durchfließen, die Rechenanlage kann er passieren, im Sandfang wird es für den Zahn schwierig, denn er ist wie der Sand schwerer als Wasser und könnte hier zu Boden sinken und mit dem Klärschlamm entweder als Teil eines Baustoffes enden oder aber in den Faultürmen landen. Die Bakterien würden ihn sehr wahrscheinlich nicht ‚fressen‘.

Kann ein Zahn verbrannt werden? Wenn ja, würden die restlichen Bestandteile des Zahns in Baustoffen (Gips, Stein etc.) enden. Da Kalzium und Mineralien brennbar sind, hätte der Zahn in den Brennöfen wahrscheinlich kaum ‚Überlebenschancen‘. So würde der Zahn entweder als Baustoff im Sandfang oder während der Klärschlammbehandlung enden. Oder er würde mit dem Abwasser durch das Vorklärbecken, das Belebungsbecken, das Nachklärbecken und dann mit dem gereinigten Abwasser in die Elbe fließen und von da aus in die große weite Welt. Als Baustoff könnte der Zahn natürlich auch die große weite Welt bereisen. Die spontane Antwort einer von uns befragten Spezialistin für Abwasser lautete, dass es auf alle Fälle möglich ist, dass der Zahn beim Austernschlürfen auf Sylt wieder ans Tageslicht kommen könnte.“

Kompetenzstufe 2 – Bezugswissenschaft Biologie

> Ich kann das Interesse von Kindern an Pflanzen und Tieren aufgreifen und mit ihnen so verfolgen, dass ihnen Merkmale und Verhaltensmuster der Lebewesen deutlich werden.

Heike Göttsche: „Ich kann einzelnen Kindern den angemessenen Umgang mit Pferden beibringen.“ Ihr Beleg: Ein Bericht über Erfahrungen mit Pferden und Kindern, aus dem ein kurzer Auszug wiedergegeben sei, und Zertifikate der Westfälischen Reit- und Fahrschule Münster.

„Bevor ich laufen konnte, saß ich schon auf einem Pony. Meine Eltern hatten einen Bauernhof, und mein Vater hatte ein Pony gekauft, als meine Geschwister, meine Mutter und ich meine Großeltern besuchten und dort über Nacht blieben. Nach und nach kauften wir noch einige Ponys dazu, bis schließlich auch das erste Großpferd auf unseren Hof kam. Folglich hatte ich von Kindesbeinen an mit dem Lebewesen Pferd zu tun. Die Pferde wurden jeden Morgen auf die Koppel geführt und nachmittags wieder in den Stall gebracht. Ich half meinem Vater beim Füttern, und wenn ich reiten wollte, war ich ebenfalls beim Putzen tatkräftig dabei, wenigstens an den Stellen, die ich bereits erreichte. So lernte ich mit einem Pferd umzugehen, und ich entwickelte mich zu einer begeisterten Reiterin.

Mit 18 besuchte ich erfolgreich die Westfälische Reit- und Fahrschule in Münster und absolvierte dort meinen ersten Trainerschein, den Trainer C. Ein Jahr später folgte ebenso erfolgreich der Trainer B und schließlich im Jahre 2003 der Trainer A. Beim Trainer C und A spielten unter anderem Zucht, Haltung, Fütterung und Umgang mit dem Pferd eine wichtige Rolle. Der Trainer A qualifiziert mich zur Ausbildung und Vorbereitung von Kindern, Jugendlichen und Erwachsenen und zur Abnahme von Motivationsabzeichen im Bereich des Reitens und dem sicheren und artgerechten Umgang mit dem Pferd.

Es ist häufig gerade bei Mädchen im Grundschulalter zu beobachten, dass sie pferdebegeistert sind. Sie lieben es, die Pferde zu streicheln, zu putzen, beim Schmusen ihre Wärme zu spüren und sich um sie zu kümmern. Wer sich mit einem Pferd beschäftigt, übernimmt die Verantwortung für das ihm anvertraute Wesen. Hier muss das Kind lernen, sich einem Pferd gegenüber richtig zu verhalten. Ziel ist es, die größtmögliche Harmonie zwischen Mensch und Pferd zu entwickeln und zu erhalten."

Kompetenzstufe 2 – Bezugswissenschaft Physik/Chemie

> Ich kann Alltagsphänomene, die einzelnen Kindern rätselhaft erscheinen, aufgreifen und gemeinsam mit den Kindern Erklärungsideen und Versuche entwickeln.

Anne Sachse: „Ich kann mit einzelnen Kindern einfache Versuche durchführen und sie in ein Gespräch zur Erklärung ihrer Beobachtungen verwickeln." Ihr Beleg: Auszüge aus einem Gespräch mit Jungen aus der Klasse 1/2 einer Förderschule, das im Anschluss an einen Versuch zur Erscheinung des Luftdrucks stattfindet.

„Nachdem wir uns schon viel über Luft unterhalten und Versuche mit Luft ausprobiert haben, führen wir einen Versuch mit dem Luftballon auf der Flasche durch: Auf eine leere Flasche wird zunächst ein Ballon gestülpt. Dann stellt man die Flasche in warmes Wasser. Der Luftballon richtet sich wie von selbst wieder auf. Für die Kinder ist das ein überraschendes Erlebnis, das sie sich nicht erklären können. Daraufhin kommt folgendes Gespräch zustande:

Anne Sachse: ‚Was ist denn in der Flasche?'

Benjamin: ‚Nichts, die ist leer.'

Gianni: ‚Nein, da ist noch Luft drin.'

Anne Sachse: ‚Was haben wir mit der Flasche gemacht?'

Benjamin: ‚Wir haben die so warm gemacht, mit dem Wasser.'

Gianni: ‚Der Ballon ist nach oben gegangen.'

Anne Sachse: ‚Wie kann denn das sein?'

Benjamin: ‚Vielleicht geht die Luft nach oben, wenn sie warm wird.'

Anne Sachse: ‚Und ist die Luft da unten weggegangen?'

Benjamin: ‚Ja.'

Anne Sachse: ‚Da unten ist also keine Luft mehr?'

Gianni: ‚Doch.'

Benjamin: ‚Dann ist sie dicker geworden.'

Gianni: ‚Cool.'"

Kompetenzstufe 2 – Bezugswissenschaft Technik

> Ich kann zusammen mit einzelnen Kindern oder mit einer kleinen Gruppe von Kindern einfache Geräte und Maschinen untersuchen und auseinandernehmen oder zusammenbauen und gemeinsam mit ihnen komplexe technische Abläufe verfolgen.

Nadine Martens: „Ich kann einer Kindergruppe Geschicklichkeit im Umgang mit Computerprogramm ‚Paint' vermitteln." Sie legt ein „Computerbuch" vor, das als Produkt eines gemeinsam mit zwei Kommilitonen – *Madita Hartz* und *Marco Wagner* – gestalteten Kurses entstand. Am Ende des Kurses konnten die Kinder einen Computerführerschein erwerben. Auszüge aus dem Bericht belegen, dass die Computerkompetenz Kindern derart wichtig ist, dass sie Belehrungen darüber akzeptieren.

„Die Kinder verfügten alle schon über geringe Erfahrungen mit dem Computer, denn sie hatten seit Beginn der zweiten Klasse einmal pro Woche eine Stunde Computerunterricht. Dort lernten sie allerdings ausschließlich den Umgang mit Lernsoftware. Unser Ziel war es, den Kindern zu zeigen, wie man Dokumente öffnet und speichert, Ordner erstellt, Dateien löscht, Drucke ausführt und mit dem Programm ‚Paint' umgeht. Wir sind mit der Hälfte der Klasse jeweils an zwei Tagen in der Woche für eine Doppelstunde in den Computerraum gegangen. Dort teilten sich die Kinder zu zweit einen PC.

Zum Abschluss mussten die Kinder einen kleinen Test am Computer erfolgreich bestehen, damit sie einen Computerführerschein bekamen. In dem Test sollten sie zeigen, dass sie das, was wir ihnen in den drei Wochen gezeigt hatten, auch anzuwenden verstanden. Ich war zuversichtlich, dass alle Kinder den Test bestehen würden, und so kam es dann auch.

Alle Kinder haben ihren persönlichen Computerführerschein erhalten und zusätzlich ein von uns erstelltes kleines Computerbuch. Darin sind die wichtigsten Teile und Funktionen des Computers erklärt. Für jedes Kind haben wir das Deckblatt des Buches individuell gestaltet. Es bestand aus dem Bild, das die Kinder mit ‚Paint' selber gemalt und ausgedruckt haben."

Kompetenzstufe 2 – Bezugswissenschaft Geschichte

> Ich kann das Interesse einzelner Kinder für historische Phänomene aufgreifen, mit ihnen Gespräche über das Leben in vergangenen Zeiten führen und einfache historische Quellen auswerten.

Anhand einer Reihe alter Gegenstände, u. a. ein alter großer Schlüssel und der Abbildung einer steinzeitlichen Höhlenmalerei entwickelte sich ein Gespräch zwischen fünf Mädchen und vier Jungen über das Thema „Wie es früher war". Der Gesprächskreis kam regelmäßig einmal pro Woche nachmittags zusammen, um etwa 60 Minuten lang über verschiedene Themen zu philosophieren. Die Leiterin zeichnete dieses Gespräch auf.

Leiterin: „Den Schlüssel hat mir ein Freund ausgeliehen. Er hat eine ganze Sammlung von solchen alten Schlüsseln. Die hat er auf Flohmärkten gekauft oder in Antikläden."

Isabel: „Und wo haben die, die das auf dem Flohmarkt verkauft haben, wo haben die den Schlüssel her?"

Leiterin: „Die haben den vielleicht auf einem alten Dachboden gefunden oder in einem alten Keller oder von Leuten gekauft, die solche alten Dinge geerbt haben."

Isabel: „Wozu ist der Schlüssel eigentlich? Was kann man damit machen? Ich meine, was konnte man damit aufschließen?"

Alice: „Also die haben die früher zum Aufschließen benutzt! Früher gab es solche Schlüssel, und nicht solche kleinen, wie wir sie jetzt haben. Deshalb hatten die solche großen Schlüssel, und damit konnten die auch Zimmer oder Türen zuschließen, zum Beispiel wenn man auf'm Klo ist, dann will man ja auch nicht gestört werden, dann schließt man ab mit solchen Schlüsseln."

Julius: „Aber nicht das von meiner Katze!"

Lars: „Damals hatten die keine Katzen."

Alice: „Ich frage mich, wie haben die diese Schlüssel erfunden? Ich glaube, die haben zuerst was aus Eisen gemacht oder aus Holz was geschnitzt, und dann ist dabei irgendwas rausgekommen, und dann haben sie überlegt und dann sich den Namen ausgesucht: Schlüssel. Dann haben sie gemerkt, dass man damit was aufschließen kann, und dann haben sie das Schlüssel genannt.

Lars: „Das ist so' n alter Ritterschlüssel, der ist bestimmt auf einer alten Burg gefunden worden." ...

Nina: „Also bei diesen Bildern (Steinzeitbild), da hatte man die ja auch vielleicht als Grabsteine benutzt für die Menschen, die gestorben sind, wie wir jetzt Grabsteine haben, wenn jemand stirbt. Früher hatten sie ja noch keine Papiere, so wie wir sie haben, da haben die darauf einfach geschrieben und gemalt. Dann konnte man das ja vielleicht auch so machen, weil man sich ja früher noch keine Briefe schicken konnte, und deshalb haben die das einfach da raufgemalt. Weil es gab ja früher keine Briefe, Briefmarken und so." ...

Nora: „Also, mir ist das einfach so durch den Kopf gegangen, als ich ganz klein war, da wusste ich das schon, und da habe ich auch einmal darüber nachgedacht, dass früher so Büffel gejagt wurden, und das stimmt ja auch. Die wollten daraus Mäntel und Hosen und Pullover und so machen. Da ist mir das einfach so durch den Kopf gegangen ... und da habe ich gefragt, ob das stimmt. Und da haben die gesagt „ja aber, woher weißt du das?" Und ich sagte, das ist mir einfach so durch den Kopf gegangen. Ich denke über alles nach, und da habe ich auch mal darüber nachgedacht. Ich habe auch darüber nachgedacht: Also der erste Mensch muss ja von einem anderen Menschen sein ... und wie kam der her?"

[aufmerksame Stille]

Julius: „Aus Tieren!"

Nina: „Ja, und woher kamen die Tiere?"

Julius: „Aus dem Wasser!"

Nina: „Aus dem Wasser?"

Marcel: „Affen kommen doch nicht aus dem Wasser!"

Julius: „Doch! Alle! Auch du!!!"

[Gelächter, Unglauben]

Julius: „Ja doch! Ich schwör! Alle Wesen, die hier jetzt auf der Erde sind, glaube ich, waren im Wasser ... zumindest die meisten."

Lars: „Wir bestehen eigentlich aus Pflanzen."

[Durcheinander]

Nina: „Also, ein Mensch muss ja von den anderen Menschen entwickelt werden, und wie kam der Mensch her? Das verstehe ich nicht!"

Kompetenzstufe 3: Was ist der „didaktische Diskurs?"

Ich kenne den aktuellen Stand des didaktischen Diskurses im Sachunterricht zu dem betreffenden Fachbezug und kann innerhalb dieses Diskurses eine eigene Position vertreten.

„Didaktischer Diskurs" nennen wir den Zusammenhang von Auffassungen und Ansichten, deren Summe die theoretische Dimension des Faches bezeichnet. Es handelt sich um Konzeptionen, Entwürfe, Ansätze und Modelle, die auch dann als Elemente einer fortgeführten Auseinandersetzung verstanden werden können, wenn sie von ihren Autoren nicht ausdrücklich als Momente eines Dialoges vorgestellt werden.

Die Dimension des didaktischen Diskurses erstreckt sich in die Breite der fachlichen Ausrichtung und in die historische Tiefe der Entwicklung des Faches. In der Breite erstreckt sich der Diskurs über verschiedene Perspektiven oder fachliche Kategorien. Entweder, indem er sich einzelnen Fachansprüchen widmet – ein Beispiel ist „Kinder auf dem Wege zur Physik"(vgl. *Wagenschein/Banholzer/Thiel* 1974) –, oder indem er das Ganze des Sachunterrichts etwa in Abgrenzung zur Heimatkunde zu entwerfen unternimmt.

Im Hinblick auf die historische Entwicklung, die nicht aus der Entfaltung des theoretischen Diskurses hervorgegangen ist, sondern in Abhängigkeit von bildungspolitischen Einflüssen und anderen historischen Kontingenzen verstanden werden muss, ist vor allem die tonangebende Funktion der Heimatkunde im deutschen Schulwesen von Interesse. In der Jahrhunderte alten Tradition des Realienunterrichts war die Gestalt der Heimatkunde (in den alten Ländern der Bundesrepublik bis 1970) zeitweilig eng mit der Idee eines ständeartig gegliederten Volkskörpers verbunden. Bruchstücke historischer Positionen tauchen auch in aktuellen Konzeptionen auf – etwa in der Redewendung vom „Kindgemäßen".

Der didaktische Diskurs bildet das eigentliche Feld des akademischen Studiums. Hier finden die klassischen Formen der Lektüre, des Referats, der Erörterung, der Diskussion und der Disputation ihren Ort in der Lehrerbildung. Es ist wichtig, dass Lehrerinnen und Lehrern den Stellenwert des Sachunterrichts im Schulwesen einzuschätzen verstehen, dass sie die Genese des Faches kennen und sich über dessen Eigensinn und besonderen Bildungswert eine persönliche Auffassung erarbeiten, die sie in der Öffentlichkeit ihres schulischen Tätigkeitsfeldes vertreten können. Was ist Sachunterricht? Wozu dient das Fach? Was nützt es den Kindern, welche „Botschaft" wird durch dieses Fach vermittelt?

Es ist interessant, beim Studium der einschlägigen Literatur zu sehen, dass die sechs Fachbezüge unseres Hexagons (siehe *Abb. 4*, S. 33), eine jeweils eigene Tradition der didaktischen Theorie hervorgebracht haben. Das Ganze des Sachunterrichts setzt sich schon immer aus fachbezogenen Einzelaspekten zusammen. Dass *Friedrich August Fingers* „Heimatskunde" aus der Mitte des neunzehnten Jahrhunderts die Geographie zum Ausgangspunkt nahm, und *Friedrich Junges* „Dorfteich als Lebensgemeinschaft" aus dem Ende des neunzehnten Jahrhunderts die biologische Ökologie in den Mittelpunkt stellte, war kein Zufall: Es handelte sich vielmehr um inhaltlich unterschiedliche, aber formal gleiche Konzeptionen, nämlich den Versuch, das Ganze des Sachunterrichts aus der Perspektive eines einzelnen Fachbezuges zu entwerfen.

Im Unterschied zu diesen frühen Konzeptionen bietet der Sachunterricht in den amtlichen Lehrplänen und einem Teil der aktuellen didaktischen Literatur ein Bild, auf dem fachwissenschaftliche Korrespondenzen nur verhalten zum Ausdruck kommen. Die Tradition der volkstümlichen Bildung (Kern: Heimatkunde) ist gebrochen, erscheint aber immer noch wirksam. Volkstümliche Bildung war als Gegenstück zur akademischen oder wissenschaftlichen Bildung in den zwanziger bis vierziger Jahren ausformuliert worden. Sie beruht auf der Vorstellung einer zweigeteilten Gesellschaft, deren Mehrheit die Volksschule besucht und dort Tugenden erwirbt, die für Handwerk und Industriearbeit maßgeblich sind, während eine Minderheit Gymnasium und Hochschule besucht und dort die Fähigkeit zum abstrakten Denken entwickelt. Man könnte meinen, die altrömische Fabel des *Menenius Agrippa* vom Volkskörper, bei dem die meisten für die Arbeit der Glieder und nur wenige für die des Kopfes zuständig sind, sei bei dieser Vorstellung als Leitidee wirksam gewesen.

Die Funktion dieser Körper- und Kopf-Metapher innerhalb des Schulwesens lief auf die analoge Aufteilung der Schulkinder auf das Gymnasium (= akademische Bildung = Kopf = wenige) und auf die Volksschule (= volkstümliche Bildung = Körper = die Masse) hinaus. Zu den Kennzeichen der volkstümlichen Bildung gehörte

- die Vermeidung von Fremdwörtern,
- die Fixierung des Unterrichts auf anschauliche und greifbare Dinge ohne Darstellung auf höherem, abstrakterem Syntheseniveau,
- die Betonung des Nachvollzugs von vorgegebenen Gedanken und Formulierungen durch die Kinder bei Geringschätzung der von ihnen beschrittenen eigenständigen kreativen Wege,
- das Beharren auf Harmonien beruhend auf der Fiktion von Einheit auch in Konfliktsituationen.

Spuren dieser Vorstellungsmuster (und der mit ihnen einhergehenden Verhaltensmuster) sind hier und da immer noch zu finden. Gleichzeitig erheben aktuelle Entwürfe und Ansätze in der Regel einen Anspruch auf „Wissenschaftlichkeit" oder „Wissenschaftsorientierung", der eine möglichst hochrangige Bildung für alle Kinder anstrebt. Falls Restriktionen auftauchen, die mit den Grenzen der kindlichen geistigen Verarbeitungsfähigkeit zusammenhängen, sind diese von Fall zu Fall zu berücksichtigen. Grenzen, die sich aus vorgefassten Ideen vom „Kindgemäßen" oder „Volkstümlichen" ableiten und von vornherein die Regeln des Sachunterrichts beeinflussen, haben ihre Legitimität verloren.

Moderne Ansätze lassen sich ohne wesentliche Verfälschung auf die einfache Formel bringen, dass sie es auf die Entwicklung der folgenden drei Fähigkeiten von Kindern anlegen:

- Genaues Beobachten;
- Selbstständiges Denken;
- Argumente vertreten.

Das Studium der Texte von Didaktikern und amtlichen Verlautbarungen zum Sachunterricht zeigt, dass dem Diskurs das Moment einer Auseinandersetzung innewohnt, in der immer noch gewissermaßen das Echo der althergebrachten Stimmen und Positionen vernehmbar ist. Wir finden in den sechs Fachbezügen des Sachunterrichts jeweils die Spuren einer fortgeführten Kontroverse. Die einander entgegengesetzten Auffassungen lassen sich in jedem einzelnen Feld nachweisen.

In der folgenden Übersicht „Der didaktische Diskurs als Kontroverse" sind die Konturen der Gegensätze herausgestellt und betont.

Der didaktische Diskurs als Kontroverse

Sozialwissenschaften: Wirtschaft, Politik, Soziologie
Eine Spielart des sozialen Lernens läuft darauf hinaus, in Schule und Unterricht reibungsfreie, nach außen harmonisch erscheinende Formen des Umgangs zu etablieren.
versus
Der Anspruch politischer Bildung steht mit dem alten Aufklärungsethos der Schule in Verbindung und fördert die Fähigkeit der Kinder, ihre eigenen Interessen zu erkennen und auf faire Weise zu vertreten.

Geographie
Vertreter des Heimatbezugs halten trotz Migration, Urlaubs- und Medienerfahrungen der Kinder usw. an dem je gegebenen Nahraum als einziger Orientierungsgröße fest.
versus
Ein systematischer Lehrgang zur Einführung in das räumliche Weltverständnis liegt nicht vor, aber es gibt eine Reihe interessanter didaktischer Ansätze, die Kinder beim allmählichen Aufbau einer weltweiten Raumvorstellung unterstützen.

Biologie und Ökologie
Das pflegerische Moment in der Schulgartenarbeit und bei der Haltung von Haustieren steht zwar in Zusammenhang mit dem genauen Beobachten und dem Aufzeichnen von Beobachtungen, klammert aber Manipulationen und Experimente aus, die der Befriedigung von Neugier und Wissensdrang dienen.

versus
Es gibt Beispiele für Beobachtungen und Untersuchungen von Lebewesen, die ein forschendes Interesse fördern und die „Anschlussfähigkeit“ für die großen Fragen der Biologie (z. B. Evolution) begründen.

Physik und Chemie
Physik und Chemie finden in der Grundschule nicht statt. Anklänge an die alte Naturlehre bei Themen wie „Kreislauf des Wassers“ sind in bestimmte Raumbezüge eingebettet und werden nicht in physikalische Konzepte übertragen.
versus
Es liegen zahlreiche Beispiele von erfolgreichen physikalischen und chemischen Untersuchungen durch Kinder und mit Kindern vor. Darüber hinaus gibt es verschiedene Ansätze einer eigenständigen Didaktik, nicht Ableger einer gymnasialen Laborphysik, sondern grundschulspezifische Orientierung an Alltagsphänomenen und Freihandversuchen.

Technik
Werkunterricht und Nadelarbeit legen Wert auf genaues Ausführen von Vorlagen.
versus
Technik, als Anwendungsfall der Physik, erklärt die Funktionsweise von Maschinen. Dieses Erbe der gymnasialen Bildung erscheint manchen Didaktikern als unzureichend. Es gibt – in direkter Übernahme aus den Technischen Hochschulen – Ansätze zur Förderung technischer Kreativität (z. B. Bau von Fantasiemaschinen). Daneben bleibt der Anspruch wirksam, die Zivilisation als Funktion technischen Fortschritts zu begreifen, und die Entwicklung neuer Technologien kritisch zu beurteilen.

Geschichte
Geschichten erzählen vermittelt den Kindern vorherrschende, klischeebehaftete Bilder der Vergangenheit, so „als ob“ diese bekannt sei.
versus
Die Unterscheidung von Quelle und Darstellung ist kritisch und wird Kindern vermittelt; Vergangenheit wird zum Forschungsfeld, historisches Lernen geht nahtlos in das Studium der Geschichte über.

Entwicklung einer eigenen Position

Die Mehrzahl der Studierenden, die sich in den didaktischen Diskurs so weit eingearbeitet haben, dass sie die darin enthaltenen kontroversen Momente erfassen, suchen nach Wegen, die Gegensätze miteinander zu verbinden oder sie auf einer höheren Ebene aufzulösen. Dies ist jedenfalls unsere Erfahrung mit Hunderten von Studierenden des Sachunterrichts an der Universität Hamburg im ersten Jahrzehnt des 21. Jahrhunderts. Möglicherweise entfaltet die Perspektive auf einen „goldenen Mittelweg" besondere Anziehungskraft durch die Aussicht auf eine Berufspraxis, die durch bestimmte traditionelle Muster geprägt ist.

Die Kompromissbereitschaft ist durch deutliche Grenzen eingeschränkt. Die allermeisten Studierenden sind nicht dazu bereit, Entfaltungsmöglichkeiten von Kindern zu vermindern. Ihre Stellungnahme läuft regelmäßig auf die Vermehrung der gegebenen Lernmöglichkeiten und Unterrichtsoptionen hinaus. In den Essays, die sie als Portfoliobelege für die Auseinandersetzung mit dem jeweiligen Teilgebiet des didaktischen Diskurses vorlegen, ist die Selbstständigkeit der vertretenen Position erkennbar. Sinn und Funktion des Sachunterrichts im Bildungswesen werden in diesen Belegen auf genaue Weise zu bezeichnen gesucht.

Kompetenzstufe 3 – Bezugswissenschaft Politik/ Sozialwissenschaften

Soziales und politisches Lernen

Juliane Beister

Alle Ereignisse, seien sie beabsichtigt oder nicht, die die Fähigkeiten einer Person im sozialen Umgang mit anderen fördern, können als Teil des sozialen Lernens verstanden werden. Ziel des sozialen Lernens soll sein, dass das Kind sich möglichst kompetent in seinen sozialen Beziehungen verhalten kann.

Inhalte können sein:

- Regeln in der Klasse (z. B.: nicht lügen, nicht stehlen, den anderen ausreden lassen),
- Konflikte (Rollentausch, Versöhnung),
- Missverständnisse,
- Teamarbeit.

Lernziele:

- grundlegende Fähigkeiten der Kommunikation erwerben,
- Interesse an den Mitmenschen entwickeln,
- Missverständnisse und Enttäuschungen ertragen.

Politisches Lernen beinhaltet alle lebensrelevanten Faktoren des öffentlichen Lebens der Gesellschaft im weitesten Sinne (sowohl Klassengemeinschaft als auch Weltgemeinschaft). Hierbei ist die Frage nach dem Ziel des politischen Lernens besonders wichtig: Wir leben in einer Demokratie, welche das beste uns bekannte politische System darstellt. Zudem ist dies das System, in dem die Kinder später zurechtkommen müssen. Daher muss das politische Lernen das Lernen von Demokratie und demokratischem Verhalten zum Ziel haben. Natürlich ist es bei allem Lehren von

„Demokratie-Loyalität“ auch nötig, für die Risiken und Probleme zu sensibilisieren, wie z. B. Korruption und Propaganda.

Inhalte können sein:

- verschiedene Staatsformen in Vergangenheit und Gegenwart,
- aktuelle Themen, die die Lernenden betreffen,
- politisches Leben im eigenen Land (Konsequenzen politischen Handelns und die Möglichkeiten des Einzelnen, sich an den Entwicklungen in der jeweiligen Gesellschaft zu beteiligen).

Lernziele:

- die eigene Meinung finden und vertreten,
- Diskussionsfähigkeit und Kritikfähigkeit (Erwerb der Fähigkeit, sowohl die eigene Position zu vertreten, als auch andere Meinungen zuzulassen und zu akzeptieren),
- das Mehrheitsprinzip kennenlernen und akzeptieren,
- Minderheiten nicht diskriminieren.

Zum Verhältnis von sozialem und politischem Lernen

Beim Betrachten der beiden Beschreibungen wird bereits deutlich, dass es in der Unterscheidung von politischem und sozialem Lernen gewisse Grauzonen gibt. Beide beschäftigen sich mit dem Zusammenleben in einer Gruppe und mit der Rolle des Einzelnen darin. So gesehen sind beide sehr eng miteinander verbunden, besonders im Bereich der Grundschule (in höheren Schulstufen bekommt das politische Lernen eine deutlich weitergehende Bedeutung). Allerdings scheint mir das soziale Lernen – zumindest in der Grundschule – eine Art Oberbegriff zu sein.

Das politische Lernen beleuchtet hingegen einen bestimmten Aspekt sozialen Lernens: nämlich den der politischen Öffentlichkeit als Gruppe, in der sich der Lernende bewegt. Dennoch ist diese Hierarchie nicht bis ins Letzte schlüssig, denn das soziale Lernen beschäftigt sich mehr mit personalen Beziehungen; Konflikte sind eher zwischenmenschlicher Art. Das politische Lernen dagegen nimmt eher auf allgemeinere, inhaltliche Probleme Bezug. So gesehen handelt es sich doch um zumindest in einigen Aspekten unterschiedliche Gebiete.

Methodische Prinzipien

In Bezug auf soziales und politisches Lernen halte ich in besonderem Maße das Prinzip der aktiven Methoden *Piagets* für wichtig. Es ist bekannt, dass man selbst kognitives Wissen nicht oder nur in geringem Maße durch Belehrung erwerben kann. Noch viel weniger ist dieses beim Erwerb von Verhaltensweisen möglich. Kinder können sowohl soziales als auch demokratisches Handeln nur lernen, wenn sie es zum einen durch Eltern und Lehrer vorgelebt bekommen und zum anderen selbst erfahren und ausprobieren können. In Anbetracht der zunehmenden Vereinzelung der Kinder im privaten Bereich wird es jedoch immer wichtiger, den Kindern diese Erfahrungen im schulischen Bereich zu ermöglichen. Daher halte ich es für äußerst sinnvoll, die in der Schule vorhandenen Einrichtungen wie Klassensprecher, Klassenrat, Schülervertretung etc. zu nutzen, um einen lebensnahen Zugang zu sozialem und demokratischem Verhalten zu ermöglichen.

Kompetenzstufe 3 – Bezugswissenschaft Geographie

Raumbezogenes Lernen

Torben Röder

Orientierung im Raum und Raumerfahrung sind meiner Meinung nach für Kinder im Grundschulalter von elementarer Wichtigkeit. Diese Grundfertigkeiten sind z. B. gerade zu Beginn der Schulzeit für den Schulweg von großer Bedeutung. Sie bilden außerdem eine Basis für das spätere raumbezogene Lernen. In meiner Grundschulzeit haben wir bereits in der ersten Klasse betreute „Schulweg-Safaris“ gemacht, um unseren eigenen Schulweg vorzustellen, die der anderen kennenzulernen und unser eigenes, räumliches Spektrum zu erweitern.

Durch eine frühe und fundierte Grundlagenbildung lassen sich die Vermittlungs- und Lernziele der räumlichen Perspektive schneller erreichen. Die Erkenntnisse, dass Räume für Menschen als soziale und individuelle Handlungsrahmen begriffen werden, dass Räume von Menschen verändert werden und dass wir aus diesem Grund gerade für Naturräume eine besondere Verantwortung tragen, sollten als Primarziele angestrebt werden.

Das Lernziel der Orientierung im Raum sollte in Bezug auf die Klassenstufen differenziert betrachtet werden: Beginnen sollte man mit der Orientierung an einfachen Gegebenheiten, wie z. B. Häusern, Telefonzellen, U-Bahnstationen, und mithilfe von individuellen Raumdarstellungen (Mental Maps). Die Orientierung an speziellen topographischen Darstellungen, an Himmelsrichtungen, durch Luft- und Satellitenbilder ist für den Anfang jedoch noch zu komplex.

Individuelle Raumdarstellungen beruhen auf individuellen Raumerfahrungen. Im Gegensatz hierzu bestehen aber über unbekannte Räume und Kulturen weit verbreitete, pauschalisierte Meinungen und Klischeevorstellungen innerhalb jeder Gesellschaft. Ein wichtiges Lernziel des raumbezogenen Lernens ist das Vorbeugen von Klischees. Klischeevorstellungen tragen in großem Maße zur Bildung von Vorurteilen bei, die sich auf der Grundlage von

Unwissenheit und Angst vor jeglicher Art von Fremdem entwickeln. Sachunterricht – speziell das raumbezogene Lernen – kann hier zur Aufklärung beitragen und ist somit einem wichtigen Bildungsauftrag verbunden.

Die primäre Grundlage zur Verhinderung von Klischeevorstellungen liegt in einem gefestigten Kompetenzfundament im sozialen Bereich. Hier sollte von Beginn an sensibilisiert werden. Unterschiede sollten als Chance dargestellt werden. Lernende können so eine individuelle, soziale Kultur in Bezug auf das Leben, die Gesellschaft und die Zusammenhänge in ihr entwickeln. Ganz sind Klischeevorstellungen aber nie zu verhindern. Die kritische Begegnung mit ihnen lässt sich aber in der Schule und speziell im Sachunterricht fördern.

Möglichkeiten sind in nahezu jeder Schulklasse vorhanden. Multikulturalität bietet in jeder Alterstufe immer mehr Chancen. Individuelle Zeugenberichte aus fremden Regionen und Ländern beinhalten diese Möglichkeiten: Kinder berichten aus ihrer Umwelt, von ihren Herkunftsregionen und -ländern und den dortigen Lebensbedingungen. Die Thematisierung von individuellen Zeugenberichten im Sachunterricht stellt aber auch spezielle Anforderungen an den Lernenden und sein Kompetenzfundament und fordert ihn zum Handeln auf. Ein individueller Zeugenbericht entspricht immer nur einem Mosaikstein, der mit bestimmten Erfahrungen behaftet ist. Der Lehrende sollte also immer mit einer Vielzahl von Quellen arbeiten, um ein möglichst objektives und veranschaulichendes (Welt-)Bild zu vermitteln. In diesem Punkt ist auch ein Problemfeld für Lehrende und Lernende auszumachen. Raumbezogenes Lernen im Sachunterricht sollte zwei gegensätzliche Lernwege kombinieren.

Der Zugang sollte parallel von „innen nach außen“ und von „außen nach innen“ erfolgen. Von „innen nach außen“ bezeichnet hier den konkreten Zugang durch individuell bekannte Räume. Der Lernende soll auf eigene Erfahrungen aus seiner Umgebung zurückgreifen und diese auf Modelle und einfache kartographische Darstellungen übertragen. Dies hat den Vorteil, dass der Lernende in den Unterrichtsprozess eingebunden wird und sich mit dem Unterrichtsinhalt identifiziert.

Der Lernweg von „außen nach innen" befasst sich hingegen primär mit fernen, unzugänglichen Räumen. Abstrakte Begriffe der physischen Geographie sowie anthropogeographische Zusammenhänge, die in der Behandlung von zugänglichen Räumen keine Anwendung finden, werden im Unterricht behandelt. So können globale Verknüpfungen vermittelt werden, um das räumliche Weltbild zu erweitern. Ein Zugang zur Verknüpfung dieser beiden Lernwege bietet der konstruktive Umgang mit Klischeevorstellungen. Multikulturelle Klassenzusammenstellungen ermöglichen eine „Außen-Innen-Darstellung" der Lernenden. In Gesprächsrunden kann so im Plenum über individuelle Raumerfahrungen referiert werden, um differenziert Grundvorstellungen von verschiedensten Lebenswelten zu ermöglichen. So können sowohl die Raumerfahrungen von muttersprachlichen Kindern als auch die der Kinder mit Migrationshintergrund einbezogen und thematisiert werden.

Kompetenzstufe 3 – Bezugswissenschaft Biologie

„Belebte" Natur im Unterricht

Liv Frank

Aus der Tradition des deutschen Schulwesens heraus haben sich zwei Traditionen, bzw. Perspektiven auf die Tier- und Pflanzenwelt entwickelt: Die erste Tradition, die als die Pflegerische (Fürsorgliche und Mitweltbezogene) bezeichnet werden kann, beruht auf dem Umgang mit Pflanzen und Tieren. Dieser Umgang wird in Bezug auf das Gärtnerische für Pflanzen und das Halterische für Tiere erlernt. Die Kinder werden umgangsgeschicklich und praktisch an die belebte Natur herangeführt.

Ich bin der Meinung, dass der Ausdruck „praktischer Umgang mit der Natur" eine treffende Bezeichnung für diese Tradition dar stellt. Als Unterrichtsbeispiel sei hier das Pflanzen einer Feuerbohne betrachtet. Dabei lernen die Kinder einerseits die Bedürfnisse der Pflanze kennen, wie z. B.: nach Wasser, Licht und Mineralien, und andererseits beobachten sie, wie die Pflanze wächst. Diese Beobachtungen werden aber kaum vertieft und hinterfragt.

Als zweite Tradition kann die wissenschaftliche Betrachtungsweise genannt werden. Die Kinder erforschen die Natur, indem sie diese wissenschaftlich analysieren und Zusammenhänge erfassen. Sie arbeiten untersuchend und erkenntnisbezogen. Diese Art der Bildung wird auch als akademisch bezeichnet, da sie abstraktes Denkvermögen voraussetzt. Ich meine, dass der Ausdruck „forschender Umgang mit der Natur" angemessener ist.

Ein typisches Beispiel für einen forschenden Umgang mit der Natur ist ein Unterrichtssegment, in dem die Kinder eine Pflanze möglichst detailgetreu zeichnen und dann einzelne Pflanzenteile benennen, eventuell auch mithilfe eines Bestimmungsbuches. Die Kinder lernen dabei, sehr genau auf die Feinheiten und Unterschiede einer jeden Pflanze zu achten. Durch die Benennung der einzelnen Pflanzenteile lernen sie auch deren Funktionen kennen. Ein Transfer des neu erworbenen Wissens auf andere Pflanzen wird dann als letzte Lernstufe vollzogen.

Bei der Betrachtung der beiden Traditionen stelle ich fest, dass keine der beiden einzeln für sich den Sachunterricht bestimmen sollte. Eine Verknüpfung des „praktischen" und des „forschenden" Umgangs mit der belebten Natur sehe ich als sehr sinnvoll an. Einerseits müssen die Kinder lernen, wie man mit Pflanzen und Tieren umgeht und diese versorgt, um die Natur achten und „lieben" zu lernen. Dieser praktische Umgang ist den Kindern schnell und leicht zugänglich.

Andererseits sehe ich es auch als sehr wichtig an, dass der forschende und wissenschaftliche Aspekt der belebten Natur ebenso allen Kindern zugänglich gemacht werden sollte. Die Kombination beider Aspekte ermöglicht den Kindern erst, die „Wunder der Natur" zu begreifen und zu verstehen, wie diese zustande kommen.

Ein Schulgarten eignet sich für eine Verknüpfung der beiden Traditionen besonders gut. Zum einen lernen die Kinder die Pflanzenkulturen zu pflegen, und zum anderen hat man einen guten Fundus an Pflanzen und kleinen Tieren für den forschenden Umgang bzw. Zugang. Ich denke, dass ein Schulgarten für jede Schule wünschenswert ist, um den Kindern ein wissenschaftsorientiertes Lernen und Umgangserfahrungen mit Lebewesen zu ermöglichen. Neben den Umgangserfahrungen erachte ich die Artenkenntnis der Tiere und Pflanzen auch für Grundschulkinder als notwendig. Die Kinder sollten die am weitesten verbreiteten Tiere und Pflanzen kennen, um z. B. giftige von ungiftigen Pflanzen unterscheiden zu können. Ich würde das Erlernen von Artbezeichnungen in meinen Unterricht einbauen. Nicht durch Auswendiglernen, sondern ergänzend bei der forschenden Pflanzenteilbestimmung, indem die Kinder auch die Pflanze, mit der sie arbeiten, bestimmen müssen.

Kompetenzstufe 3 – Bezugswissenschaft Physik/Chemie

„Unbelebte" Natur im Unterricht

Regine Meyer

Sachunterricht, der sich ausführlich mit Bereichen der Physik und Chemie befasst, kommt in der Grundschule so gut wie nicht vor. Nach einer Untersuchung von *Gisela Lück* (*Risch/Lück* 2004, S. 63–66) werden für diesen Bereich nur ca. vier Prozent der jährlichen Unterrichtszeit, also etwa vier Unterrichtsstunden, eingesetzt. Die Lehr- bzw. Rahmenpläne der einzelnen Bundesländer geben dabei unterschiedliche Richtlinien vor, sowohl, was die Anzahl der Stunden im naturwissenschaftlichen Lernfeld betrifft, als auch bezüglich der Thematik. Die Vorgaben der Rahmenpläne, so unterschiedlich sie in ihrer inhaltlichen Ausgestaltung auch sind, stehen jedoch zum Thema „Unbelebte Natur" im Widerspruch. Hier soll erörtert werden, wo möglicherweise die Gründe liegen und in welcher Weise das Lernfeld „unbelebte Natur" in der Grundschule behandelt werden könnte.

Die OECD nennt als eine Ursache der (weltweit) mangelnden Präsenz der Naturwissenschaften an der Grundschule die Tatsache, dass in der Primarstufe hauptsächlich Frauen unterrichten, die zu diesen Fächern eher eine Distanz empfinden. Auch wenn diese Vermutung zunächst oberflächlich klingt, erschließt sich bei näherer Betrachtung doch ein nachvollziehbarer Hintergrund.

Mädchen haben bereits am Ende der Grundschulzeit eine geringere naturwissenschaftliche Kompetenz als Jungen (vgl. *Bos* u. a. 2003); laut TIMSS II und PISA (2003) haben Jungen auch in der Sekundarstufe in den Bereichen Physik und Chemie wesentlich besser abgeschnitten (interessanterweise nur auf nationaler Ebene, vgl. *Faulstich-Wieland* 2004). Da Leistung grundsätzlich stark vom Selbstkonzept beeinflusst wird und dieses wiederum entscheidend mit der Geschlechtszugehörigkeit und diesbezüglichen Verhaltenserwartungen zusammenhängt, sind hier möglicherweise Sozialisationseffekte der Grund für eine sich selbst erfüllende Prophezeiung.

Wenn Mädchen die Naturwissenschaften für sich als nicht passend empfinden, kein besonderes Interesse entwickeln, nicht gefordert oder gefördert werden und dann (in mehrfacher Hinsicht) erwartungsgemäß unterdurchschnittliche Ergebnisse erbringen, verwundert es nicht, dass sie später selten naturwissenschaftliche orientierte Berufen wählen. Weiterhin ist die Zahl der Physik- und Chemielehrerinnen in den allgemeinbildenden Schulen gering, sodass Mädchen hier eine geringe Identifikationsmöglichkeit und Vorbildfunktion vorfinden.

Die Lehrerinnen, die an einer Grundschule arbeiten, sind in ihrer eigenen Biografie von diesen ungünstigen Voraussetzungen ebenso betroffen wie die Mädchen, die sie unterrichten. Wenn sie selbst keinen Zugang zu naturwissenschaftlichen Themen haben und sich in diesem Bereich als eher unfähig erlebt haben und einschätzen, sind sie möglicherweise auch bestrebt, die Lernbereiche, die sich mit Physik und Chemie beschäftigen, auszuklammern.

Außerdem kann für die Etablierung der Naturwissenschaften an der Grundschule die deutsche Tradition der volkstümlichen Bildung als hinderlich angesehen werden. In dieser Ordnung erscheinen insbesondere Physik und Chemie, dem Lernbereich „Unbelebte Natur" zugeordnet, als ausgesprochen wissenschaftsbezogene Fächer, deren Behandlung den weiterführenden Schulen (und hier insbesondere den Gymnasien) vorbehalten ist.

Möglicherweise hält auch die grundsätzliche Überladung der Rahmenpläne mit verbindlichen Inhalten die Lehrerinnen und Lehrer der Grundschulen davon ab, sich im Unterricht ausgiebig mit naturwissenschaftlichen Phänomenen zu befassen. Die steigende Fülle an Vorgaben erschwert zunehmend die Flexibilität in der Wahl eigener Schwerpunkte und somit die Möglichkeit, auf Wünsche und Bedürfnisse der Kinder oder örtliche Gegebenheiten individuell einzugehen. Auch wenn die Rahmenpläne die Eigentätigkeit der

Kinder immer wieder einbeziehen, ist diese Forderung in der Realität dann schwer umsetzbar, wenn aus Zeitmangel die vorgegebenen Unterrichtsthemen einfach abgearbeitet werden.

Im Gegensatz zum materialen Bildungsbegriff, der als Ziel die Aneignung eines möglichst breiten Spektrums an Inhalten vorgibt, hat *Martin Wagenschein* den Ansatz des exemplarischen Lernens entwickelt. Dem Anspruch auf Vollständigkeit des zu vermittelnden Stoffs stellt er die Gründlichkeit gegenüber (1965, S. 13–26). Ein Beispiel (aus einem zu bestimmenden „Kanon der Hauptphänomene") wird herausgegriffen, umfassend untersucht und anschließend von den Schülerinnen und Schülern auf den gesamten Bereich übertragen.

Dieses Vorgehen stellt hohe Anforderungen an die Lehrperson, sowohl was die Vorbereitung als auch die Durchführung und die damit verbundene Loslösung von Schulbuch- und Lehrplanvorgaben betrifft. Hier wäre sicherlich die Zusammenarbeit mit Kolleginnen und Kollegen hilfreich (z. B. die gemeinsame Konzipierung und Vorbereitung von Unterrichtsstunden, Austausch von Material und Erfahrungen, gegenseitige Hospitationen, Aufgabenverteilung, etc.). Um das exemplarische Lernen für den eigenen Unterricht zu übernehmen, ist sicherlich der Mut erforderlich, den Rahmenplan nur als grobe Richtlinie wahrzunehmen. Auch das mag im Team eher gelingen.

Kompetenzstufe 3 – Bezugswissenschaft Technik

Technik im Unterricht: eine Frage der Didaktik

Arne Hogrefe

Wir leben in einer technischen bzw. nahezu vollständig technisierten Welt. Kinder sind umgeben von Technik: entweder von Geräten, die Technik beinhalten, wie zum Beispiel ihre Armbanduhr, ihr Mobiltelefon, ihr Fahrrad oder von Geräten, die mithilfe von Technik hergestellt wurden, wie der Tisch an dem sie sitzen, oder der Bleistift mit dem sie schreiben. Es ist eine Frage der Didaktik, auf welchem Wege man die Kinder an die Technik bzw. den Technikgedanken heranführt.

Geht es darum, dass sie selber (Arbeits-)Techniken beherrschen lernen? Dann gebe ich klassischen Werkunterricht. Die Kinder lernen die Namen und den Umgang mit verschiedenen Werkzeugen sowie die Eigenschaften und Verwendungsmöglichkeiten diverser Stoffe und Materialien. Sie finden heraus, dass oft mehrere Arbeitsschritte nötig sind, um etwas herzustellen, und machen die befriedigende Erfahrung, etwas mit den eigenen Händen geschaffen zu haben. Zudem verbessern sie durch das Handeln mit und an Objekten ihre motorischen Fertigkeiten. Möglicherweise weckt man sogar schon frühzeitig das Interesse für einen bestimmten handwerklich oder künstlerisch orientierten Berufszweig.

Oder geht es darum, dass die Kinder die Funktionsweise technischer Geräte kennenlernen und verstehen lernen sollen? Dann gebe ich im akademischen Sinne Physik- und Mechanikunterricht. Die Kinder bekommen technische Geräte in die Hand, probieren diese aus, nehmen sie auseinander stellen Vermutungen an über deren Funktionsweise. Ich könnte sie auch einfache technische Geräte entwerfen und bauen lassen. Wenn das Interesse früh genug in diese Richtung gelenkt wird, kommen am Ende vielleicht begnadete Erfinderinnen und Erfinder und Ingenieurinnen und Ingenieure heraus.

Eindeutig zu trennen sind diese beiden Wege nicht. Es widerspricht dem Technikgedanken, einen rein theoretischen Unterricht zu machen. Technik hat immer auch etwas mit der Produktion von Dingen oder dem Handeln an Objekten zu tun. Der handelnde Umgang mit Technik ist und bleibt elementarer Bestandteil. Weder kann es nur darum gehen, sich der Technik zu bedienen, um nützliche oder schöne Dinge zu erschaffen, noch kann jemand, der nicht schon einmal selbst Werkzeuge oder andere technische Geräte benutzt hat, um etwas zu erschaffen, sich sinnvoll mit der Funktionsweise von technischen Geräten auseinandersetzen oder eigene kreieren.

So wie in der Mechanik Zahnräder ineinandergreifen, so müssen auch diese beiden Wege im Sachunterricht ineinander greifen. Schon allein, um den Persönlichkeiten, Stärken und Schwächen aller Kinder im Klassenraum gerecht zu werden. Die Arbeitsschulbewegung hat diesen Weg schon Anfang des 20. Jahrhunderts beschritten, mit dem Ziel, die Voraussetzungen für geistigen, sozialen und wirtschaftlichen Aufstieg zu verschaffen. *Célestin Freinet* ließ die Kinder in Ateliers arbeiten, in denen die Lehrperson nur noch für den Ablauf zuständig war. Sein Ziel war eine möglichst große Selbstständigkeit der Kinder.

Kompetenzstufe 3 – Bezugswissenschaft Geschichte

Historisches Lernen als Prozess

Susann Schümann

Geschichte ist ein fester Bestandteil im Lehrplan der Grundschule, führte aber lange Zeit ein „Schattendasein" und wurde entsprechend vernachlässigt. Trotz neuer Rahmenlehrpläne wirkt sich dies auch noch im aktuellen Geschichtsunterricht in der Grundschule aus. Historisches Lernen gehörte auch zum Kanon der Heimatkunde, die einerseits Kenntnisse zur räumlichen Umgebung vermitteln sollte, andererseits die Bindung der Individuen an die Heimat zum Ziel hatte.

Die neuen Rahmenpläne des Sachunterrichts formulieren das historische Lernen als eine eigenständige, bedeutende Perspektive, aber die Funktion des historischen Lernens in der Grundschule erscheint immer noch klärungsbedürftig.

Der Bereich des historischen Lernens bietet viel Potenzial für eine Auseinandersetzung mit der eigenen Vergangenheit. Diese lebendige Auseinandersetzung sollte im Grundschulbereich in der Lebenswelt der Kinder ansetzen. Zeitleisten, welche die Kinder für ihr eigenes Leben und eventuell das ihrer Eltern und Großeltern anfertigen, ermöglichen einen guten Einstieg in das historische Lernen sowie in die Arbeit mit verschiedenen Quellen, wie z. B. Fotos, Zeichnungen, Briefe.

Dem Gespräch mit Verwandten oder anderen Zeitzeugen im Sinne von „Oral History" kommt besondere Bedeutung zu. Hier handelt es sich zwar um subjektbezogene Darstellungen, andererseits gibt es kaum eine lebendigere Form von Geschichte, abgesehen vielleicht von dokumentarischen Filmaufnahmen. Das Gespräch bietet eine besondere Qualität, denn die Kinder können Fragen an ihren Gesprächspartner stellen.

Die Kinder können in solchen Auseinandersetzungen zu „Konstrukteuren" ihrer eigenen Geschichte werden. Sie können lernen, dass Geschichte ein Konstrukt darstellt. Ein Ziel des historischen Lernens besteht darin, kritisches Bewusstsein gegenüber diesem Konstrukt „Geschichte", wie es sich in verschiedenen Medien darstellt, auszubilden. In diesem Zusammenhang sollten die Kinder lernen, Quelle und Interpretation voneinander zu unterscheiden.

Durch ihren Medienkonsum verfügen Kinder heute oftmals schon über eine Fülle von geschichtlichen Informationen. Ähnlich wie beim räumlichen Lernen das geographische Wissen der Kinder meist als ein bruchstückhaftes „Inselbewusstsein" bezeichnet werden kann, ist auch das historische Wissen über die Geschichte lückenhaft und fragmentarisch. Ein Ziel des modernen Geschichtsunterrichts in der Grundschule muss deshalb sein, den Kindern Geschichte als Prozess zu vermitteln und ihr „verinseltes Wissen" ein- und auszubauen.

Die Annahme, dass sich ein geschichtliches Bewusstsein nur aufbauen kann, wenn ein Bewusstsein für Zeit besteht, ist heute aus entwicklungspsychologischer Sicht nicht mehr haltbar. Dennoch führen zwei Drittel der Bundesländer historisches Lernen erst ab der dritten Klasse ein. Der Aspekt, dass sich bis zu diesem Zeitpunkt eventuell bereits falsche Vorstellungen manifestiert haben könnten, bleibt dabei außer acht.

Unwissenheit und falsche Vorstellungen produzieren mehr Ängste als ein konstruktiver sachlicher Umgang mit geschichtlichem Wissen. Kinder verfügen über ein feines Gespür für Glaubwürdigkeit und Wahrhaftigkeit. Sie sind schon sehr früh in der Lage, mit sachlichen Informationen umzugehen und diese einzuordnen. Trotzdem dürfen Kinder nicht durch grausames Film- oder Fotomaterial schockiert werden.

Der moderne Sachunterricht verfolgt das Ziel, Kinder über ihre Lebenswelt aufzuklären. Dabei kann auf historische Bezüge nicht verzichtet werden. Wenn beim historischen Lernen gegenwartsrelevante Probleme von Kindern aufgegriffen und historisch bearbeitet werden, so kann dies die Kinder zu einem konstruktiven, toleranten, verantwortlichen, demokratischen wie auch kritischen und selbstbewussten Umgang mit Verschiedenheit befähigen.

Kompetenzstufe 4: Die Fähigkeit, erfolgreich unterrichten zu können

Ich kann Lernprozesse für Schulklassen gestalten und dabei das Vorwissen und die Interessen der Kinder berücksichtigen.

Es liegt nahe, Belege für diese Kompetenzstufe bei den Hausarbeiten für die Zweite Staatsprüfung zu suchen, denn hier wird ja die Kompetenz des Unterrichtens amtlich ermittelt und durch eine schriftliche Ausarbeitung belegt. Die Schwierigkeit, hier beweiskräftige Unterlagen zu finden, liegt jedoch auf der Hand: Die Inkompatibilität von Text und Wirklichkeit tritt auf vielfache Weise zutage, die hier nicht im Einzelnen aufgezählt zu werden braucht.

Aber auch Checklisten der Seminarleiter und Ausbilder, mit denen die Qualität des Unterrichts in den Studienseminaren ermittelt wird, sind von allzu vielen Willkürlichkeiten und Zufälligkeiten abhängig, um vor einem breiteren Publikum beweiskräftig zu wirken. Leider trifft dies auch auf Beurteilungen durch observierende Kommissionen zu, wie sie in England vom Inspektorat vorgenommen werden.

Die Kritik an derartigen Urteilen erscheint plausibel genug, um die Methode der Fremdbeurteilungen jedenfalls für unsere Zwecke auszuschließen. Das Interesse der Schulverwaltung ist darauf gerichtet, eine Gleichförmigkeit des Unterrichtsgeschäfts herzustellen oder zu gewährleisten. Es ist diese Gleichförmigkeit, die mithilfe von Standards und Checklisten ermittelt und auch erzwungen werden kann. Wir unterstellen, dass guter Unterricht nicht mit standardisierten Unterrichtsverlaufsmustern identisch ist, sondern eine Qualität bezeichnet, die mit der immer wieder zitierten Aussage korrespondiert, die dem *Herakleios* zugeschrieben wird: Lehren gleicht weniger dem Füllen eines Eimers mit Wasser als dem Entzünden einer Fackel mit einer andern Fackel.

In den Diskussionen um diesen Punkt wird manchmal die Möglichkeit von Videoaufnahmen ins Spiel gebracht. Aber auch derartige Aufzeichnungen können bestenfalls Momente wiedergeben. Verkürzungen, die manipulierbar sind und schließlich ebenfalls vom Urteilsvermögen des begutachtenden Zuschauers abhängen.

Über derartige Bedenken kommen wir dazu, den aus dem Rahmen fallenden Eigensinn des Portfoliocharakters dieser Phase deutlicher zu sehen. Offenbar kommen wir weiter, wenn wir

- anstelle von Momentaufnahmen oder Ausschnitten wie „die gelungene Schulstunde“ umfassendere zusammenhängende Erfahrungskomplexe zugrundelegen und

- die Außenperspektive des beurteilenden Blicks durch die Innenperspektiven von Selbstbeobachtung und Selbstbegutachtung ersetzen.

Zusammenfassend heißt dies: Der Sinn der Portfoliomethode erscheint in diesem Zusammenhang besonders deutlich. Ähnlich wie die Portfoliomappe eines Künstlers oder Architekten, in der nur solche Arbeiten repräsentiert werden, die der Künstler oder Architekt selbst als besonders gelungen und charakteristisch für seine Arbeit einschätzt, sollte der Beweis für die Unterrichtskompetenz einer Lehrperson auf ihren zusammengetragenen Beweismitteln beruhen. Lehrerinnen und Lehrer werden besonders diejenigen Passagen ihrer Unterrichtserfahrung in Erinnerung behalten, die ihnen gelungen und für alle Beteiligten, Kinder und Lehrende, interessant erscheinen.

Gelungenen Unterricht dokumentieren

Diese Elemente gelungenen Unterrichts, die zugleich Momente der Identität des kompetenten Lehrers darstellen, werden sich unter den gegebenen Umständen hier und da verstreut finden, als Erinnerungsbruchstücke, die im Alltagsgeschäft gewissermaßen abgeschliffen werden und schließlich der Vergessenheit anheimzufallen drohen. Wäre es nicht ein lohnendes Projekt, diese verstreuten Elemente planvoll zu erfassen und so zusammenzuführen, dass die Möglichkeit ihres Aufbaus hin zu gutem Unterricht erkennbar wird?

Schwer zu fassen ist der gute Unterricht übrigens vor allem wegen des Beurteilungswesens, dessen Muster und Ansprüche haben sich für Studierende und Referendare vor die eigene Erfahrung geschoben und diese entwertet und deformiert. Von der Zensur hängen nicht nur die Einstiegschancen in den Beruf ab, sondern auch die Wahrnehmung des eigenen Könnens und sogar die berufliche Identität.

In der hier verwendeten sprachlichen Wendung „Ich kann ..." liegt ein Grad Abkehr von der Beurteilung durch andere. Jedenfalls dann, wenn man sich dieser Beurteilung nicht vollkommen aussetzt. Unser Selbstbild wird in einem „Handel um Identität" immer durch das Bild mitbestimmt und geprägt, das andere von uns haben. Manchmal ist das Selbstbild geradezu ein Spiegel des Fremdbilds, stets beeinflusst es unsere Selbstwahrnehmung mehr oder weniger stark. Aber die graduellen Abstufungen der Anteile dieses Verhältnisses sind wichtig.

Im Zusammenhang mit der beruflichen Schlüsselkompetenz kommt es hier vor allem darauf an, durch Akzentuierung des eigenen, nach allen Seiten sensiblen und offenen Blicks auf das Unterrichtsgeschäft, schon am Anfang den Handel um Identität nicht vollständig an Agenturen zu delegieren, die dem Selektionsgeschäft verpflichtet sind. Wir meinen, dass am Ende das intellektuell ehrliche Urteil am ehesten dazu geeignet erscheint, die verschiedenen, vielleicht nicht auf Anhieb offensichtlichen Stränge, Muster und Leitmotive der eigenen Kompetenz zu ermitteln und festzuhalten.

Auf diesem Wege öffnet sich das Feld der als Portfolio geeigneten Berichte ins Weite: Im Grunde erscheinen viele der Texte als Belege geeignet, die Monat für Monat von guten Lehrerinnen und Lehrern in pädagogischen Fachzeitschriften veröffentlicht werden. Wer als Moderator oder Herausgeber auf diesem Gebiet arbeitet, hat meist erfahren, dass die Hauptschwierigkeit eben nicht darin liegt, beispielhaften Unterricht ausfindig zu machen, sondern darin, die betreffenden guten Lehrer dazu zu bewegen, ihre Erfahrungen schriftlich mitzuteilen. Und dies ist schließlich auch ein tröstlicher Gedanke: Es scheint im Sinne des pädagogisierten Fachwissens viel mehr gelungenen Unterricht zu geben, als die verfügbaren Medien dokumentieren.

Kompetenzstufe 4 – Bezugwissenschaft Politik/ Sozialwissenschaften

Ich kann in Schulklassen unter Berücksichtigung des Wissens, der Erfahrungen, Vorurteile sowie der arbeitsmethodischen Kompetenzen der Kinder Projekte politischen Lernens gemeinsam mit den Kindern planen und gestalten.

Ich kann Grundlagen für eine demokratische Gesprächskultur für Mitbestimmungs- und Mitwirkungsmöglichkeiten der Kinder am schulischen Leben schaffen.

Ich kann politische Grundprobleme (demokratische Prinzipien, Formen der Interessenvertretung) auf das schulische Leben der Kinder übertragen und für das gesellschaftliche und politische Lernen nutzen.

Ich kann die für das politische Lernen spezifischen Methoden und Arbeitsformen im Unterricht einsetzen (Rollenspiele, Planspiele, Pro- und Kontradebatten, Gerichtsverhandlungen, Streitgespräche, Zukunftswerkstätten).

Helfen wir beim Essen Tiere zu quälen?

Ein gelungenes Beispiel für die Bearbeitung eines konfliktträchtigen Sachverhalts im Sachunterricht ist die Unterrichtseinheit zur Frage „Helfen wir beim Essen Tiere quälen?“, die *Bernd Köhler* 1980 mit einer dritten Klasse durchgeführt hat (vgl. *Köhler* 1981). Dabei ging es um die Geflügelhaltung in Legehennenbatterien, die damals unter der Bezeichnung „KZ-Hühner“ in den Medien angeprangert wurde. Die Kinder erkundeten die Bedingungen anhand von Berichten, Filmen und dem Besuch auf einem Hof, der Bodenhaltung praktizierte. Durch die Beschäftigung mit den biologischen Grundlagen des Haushuhns und durch Gespräche mit Landwirten über die wirtschaftliche Seite der Hühnerhaltung wurden die Drittklässler zu Experten. Die Einheit kulminierte in einer Gerichtsverhandlung, die durch das Zusammentragen von Argumenten für und gegen Käfighaltung vorbereitet wurde.

„Die Kinder lesen einen Auszug aus dem Tierschutzgesetz §2, 1: ‚Wer ein Tier hält, betreut oder zu betreuen hat, muss das Tier seinen Bedürfnissen entsprechend angemessen ernähren, pflegen und verhaltensgerecht unterbringen.‘ Sie beurteilen danach die Käfighaltung und räumen ein, dass die Hennen zwar ausreichend ernährt werden, finden aber weder die Forderung nach verhaltensgerechter Unterbringung erfüllt, noch die Auflage, dem artgemäßen Bewegungsbedürfnis Rechnung zu tragen. Entsprechendes Beweismaterial wird von den Schülerinnen und Schülern zusammengestellt:

- Bilder von einem verkrüppelten Fuß auf schrägem Drahtrost,
- Fotos von einem fensterlosen Stall,
- Fotos von einem Huhn nach zehnmonatiger Käfigzeit und einer Henne mit beschnittenem Schnabel,
- eine Zeitungsnotiz,
- ein Flugblatt (freigelassene Käfighennen fangen wieder an zu scharren),
- ausgestopfte Legebatteriehühner.

Für die Gegenseite wählen die Kinder ein farbiges, großformatiges Bild aus, das einen Käfigbetrieb mit frisch eingesetztem Hennenbestand zeigt. Argumente für die Verteidigung der Käfighaltung zu finden, fällt den Kindern schwer. Mit meiner intensiven Unterstützung ergeben sich folgende Ansatzpunkte:

- Nur mit Käfighaltung ist es möglich, den hohen Eierverbrauch in unserer Gesellschaft zu decken.
- Die Legehennen sind durch Zucht an das Käfigleben angepasst.
- Der Betrieb ist von der Stadt genehmigt worden.
- Das Futter ist hochwertig, der Stall sauber.

- Medikamente verhindern Krankheiten.
- Technische Verbesserungen des Käfigs sind möglich.
- Das Käfigsystem ist auf der ganzen Welt verbreitet.

Die Kinder bauen die Klasse zum Gerichtssaal um (Zuschauerraum, Anklagebank, Zeugenstand, Richterstuhl, Tisch für die Gerichtsschreiber). Sie drängen sich um die Rollen als Richter, Staatanwalt und Verteidiger oder Sachverständiger und Zeuge. Der Richter und der Protokollant nehmen Platz. Die Kontrahenten sammeln Sachverständige um sich, die in ihrem Sinn aussagen wollen. Auf der Seite des Angeklagten finden sich nur wenig Helfer. Entweder fühlen sich die Kinder hier in der Argumentation nicht so sicher, oder sie wollen einfach nicht zu der Partei gehören, die voraussichtlich verlieren wird.

In der Anklagevertretung wird deutlich, dass Käfighühner in ihren Verhaltensbedürfnissen eingeengt sind. Das Zusammenspiel zwischen Staatsanwalt und Sachverständigen wird durch das Beweismaterial ermöglicht. Die vorausgegangene Gruppenberatung erweist sich als hilfreich.

Die beiden Verteidiger berufen sich darauf, dass die Batteriehühner gesund sind (weil sie regelmäßig Medikamente bekommen, wie der Tierarzt bestätigt) und viele Eier legen, die gut schmecken (dafür gibt es Zeugen). Sie räumen ein, dass ihr Mandant die Futterrinne in das Käfiginnere verlegen kann, damit sich die Hühner nicht den Hals am Kafiggitter wundscheuern. Die ausgestopfte braune Käfighenne wird als Beweisstück zurückgewiesen, weil der Angeklagte weiße und keine braunen Hühner hält.

Die Kinder spielen selbstständig. Hilfe brauchen sie nur, wenn z. B. der routinierte Staatsanwalt monologisiert, statt die wartenden Sachverständigen in den Zeugenstand zu rufen, oder Einspruch erhoben wird, und der Richter nicht weiß, wie er damit umgehen soll. Als sich die Argumente wiederholen, dränge ich auf die Schlussplädoyers. Der Richterspruch: ‚Nur noch zwei Hennen pro Käfig!' löst einen Proteststurm der Zuschauer aus: Bodenhaltung! Die Richter formulieren ihr Urteil neu: Der Käfigbetrieb muss auf Bodenhaltung umgestellt werden. Aus der spontanen Reaktion der beiden Angeklagten (‚Und wovon sollen wir leben?' ‚Wer soll die Umstellung bezahlen?') entwickelt sich ein Gespräch, das die einseitige Verurteilung des Hennenhalters verhindert. Wer seinen Käfigbetrieb umstellt, ist auf staatliche Hilfe und Unterstützung der Verbraucher angewiesen" (*Köhler/Schreier* 1981, S. 205–209).

Kompetenzstufe 4 – Bezugswissenschaft Geographie

Ich kann eine Sequenz zur Einführung ins Kartenverständnis für eine Schulklasse vorbereiten und das Wissen der Kinder dabei nutzen.

Ich kenne methodische Alternativen, um den unterschiedlichen Stand des räumlichen Vorstellungsvermögens lernfördernd zu nutzen und den Diskurs unter den Kindern einer Schulklasse so anzuregen, dass die Schwächeren von den Stärkeren profitieren.

Ich kann Beispiele für Veränderungen des Raums aus der Umwelt der Kinder zum Thema des Unterrichts machen, dass Probleme und wünschenswerte Möglichkeiten der Raumveränderung für die Kinder fassbar werden.

„Wir sind die Welt"

27 Kinder aus neun verschiedenen Ländern in einer dritten Klasse: Kasachstan (1), Griechenland (1), Ukraine (1), Mazedonien (1) Afghanistan (3), Polen (3), Russland (4), Türkei (6), Deutschland (7, darunter ein Kind mit jugoslawischem Vater, halbtürkischer Mutter, aber deutsch als Muttersprache).

Interkulturelles Lernen liegt in der Luft, passiert ohne gezielte Inszenierung täglich in den Begegnungen, im gemeinsamen Spielen, Lernen, Konflikte erleben, klären oder aushalten. Den Themenvorschlag „Wir kommen aus verschiedenen Ländern" greifen die Kinder begeistert auf. Das Projekt läuft über zwei Monate.

Produkt sind ein Stück Welt-Bildung und viele Bilder: Die Erde im Weltraum schwebend und irgendwo mittendrin das eigene Herkunftsland.

Im Zentrum der Überlegungen steht für mich die Ausbildung von Pluralitätskompetenz: Die Fähigkeit, sich in der Vielfalt zu orientieren, das Eigene und das Andere zu erleben, Unterschiede und Gemeinsamkeiten zu entdecken, Brüche, Widersprüche oder Unverständliches zu respektieren und stehen lassen zu können. Das „Wir" im Arbeitstitel ist ein echter Plural: Wir aus der Klasse 3b. Es gab keine Unterscheidung wie: hier die deutschen Kinder, dort die Kinder nichtdeutscher Muttersprache. Es geht nicht um das kennenlernen und verstehen lernen von „fremden" Ländern und „fremden" Kulturen, auch nicht um eine so genannte „Integration unserer lieben Mitschülerinnen und Mitschüler aus anderen Kulturkreisen". Im Mittelpunkt steht stattdessen die Einzigartigkeit der individuellen Erfahrung, die Erforschung der eigenen Geschichte und Herkunft sowie der Aufbau einer Beziehung zum anderen.

Experten sind in so einem Unterricht die Kinder. Die Entscheidung für den Lerninhalt, der ein Höchstmaß an Subjektbezogenheit aufweist, ist gleichzeitig Entscheidung für individuelle und selbstbestimmte Aneignungs- und Verarbeitungsformen. Es kann also auch keine von der Lehrkraft vorbereiteten Text- und Bildmaterialien geben. Es gibt keine Wissensvermittlung vom Lehrenden zum Lernenden. Es geht nicht um die Bewältigung von Aufgaben, sondern um Sensibilität und Aufmerksamkeit in einem Prozess der gegenseitigen Annäherung. Die Vorbereitung der Unterrichtsstunden liegt im Wesentlichen in der Hand der Kinder. Als Lehrkraft stelle ich zu Beginn der Einheit lediglich eine geographische Weltkarte und einen Globus im Klassenzimmer bereit.

Nach ersten Gesprächen und Überlegungen im Plenum einigen sich die Kinder darauf, dass sie „ihr Land" am liebsten in Kleingruppen in Form von Referaten vorstellen wollen. Diese Arbeitsform ist den Kindern bereits aus anderen unterrichtlichen Zusammenhängen vertraut und hat ihnen viel Spaß bereitet. Ich habe zunächst Bedenken, dass die Kleingruppenbildung nach Herkunftsländern eine Typisierung und Pauschalisierung zur Folge haben könnte, die verinseltes Wissen über fremde Kulturen vermittelt. Was ich allerdings noch mehr vermeiden möchte: Den Kindern nur scheinbar freie Wahl von Methoden und Arbeitsformen zu gewähren und das Ganze unbemerkt in vorgedachte Richtungen zu lenken. Hier fängt meines Erachtens das Ernstnehmen des Lernenden als Subjekt an ...

Die Schülerinnen und Schüler arbeiten nun aufgeteilt nach Herkunftsländern in kleinen Arbeitsgruppen. Die Erarbeitungsphase findet weithin zu Hause statt. Im Unterricht gibt es Gespräche, Tipps, Anregungen und Impulse. Der Zeitrahmen ist offen. Wenn eine Gruppe mit der Erarbeitung fertig ist, werden die Ergebnisse öffentlich vorgestellt.

Der Lerninhalt entwickelt eine Eigendynamik: Die Referate werden immer länger und vielfältiger. Die Kinder entwickeln immer neue Ideen, was sie noch mitbringen oder vorführen könnten. Ohne Vorgabe dieser Strukturen entdecken die Kinder von sich aus die bekannten Möglichkeiten: Es wird türkisch getanzt, russische Bonbons und Kekse werden gekostet, afghanische Musik wird gehört, und polnische Wörter werden aufgeschrieben und gelernt. Es werden deutsche Fußballstars vorgestellt, die Nationalflaggen gemalt, griechische Urlaubsfotos oder das verschneite Haus in Kasachstan gezeigt. Die Kinder befühlen Münzen, sie schauen den Koran und Bilderbücher aus Russland an, reiben sich die Hände mit türkischem parfümierten Wasser ein und nehmen begeistert die Matroschka auseinander.

Ganz im Sinne der Interkulturellen Pädagogik, die Kultur vor allem unter dem Aspekt der Bereicherung durch Buntheit und Vielfalt zum Thema und kulturelle Besonderheiten zum Lerngegenstand macht? Gibt es sie denn, die homogene türkische, deutsche oder polnische Lebensweise und Kultur? Kommt denn, wenn man die Kinder selbst ganz persönlich und individuell arbeiten lässt, etwas anderes heraus als in vorgedachten Multikulti-Unterrichtseinheiten („Wir kochen zusammen griechisch“, „So lebt Ali in der Türkei“, etc.)?

Einen Blick auf das, was sich in Wirklichkeit abspielt, geben folgende Szenen:

- Xenia aus Kasachstan hockt auf dem Boden. Um sie herum liegen ihre Schätze ausgebreitet. Sie nimmt ein altes Foto zur

Hand. Es zeigt ihren Vater in Militäruniform. Das Foto ist sehr vergilbt, der Vater ist kaum zu erkennen. Hinter ihm ein Haus. Landschaft. Xenia erzählt von ihrem Vater. Sehr persönlich. Es kostet sie Überwindung. „Es ist das einzige Foto, was ich habe, das war unser Haus ..." Fühlbar dicht und persönlich ist die Atmosphäre im Raum. Stille und vollkommene Aufmerksamkeit für Xenia. Salih berichtet von seinem Bruder in der Türkei, von dem er auch nur ein Foto hat. Sich nah sein und in persönlichen Austausch kommen. Gefühle sind auf kasachisch nicht anders als auf türkisch.

- Fereshtah aus Afghanistan bringt afghanische Musik mit. Sie will, dass alle danach tanzen. Die Kinder erwarten „komische" Musik, wollen nicht so recht. Sie legt die CD ein. Aus dem Lautsprecher ertönt Popmusik. Rhythmen wie bei deutschen Popsongs oder amerikanischen oder englischen in afghanischer Sprache. Die Kinder springen auf, tanzen, wollen sich hinterher die CD leihen.

- Markus aus Deutschland bringt ein Kuscheltier mit, einen grasgrünen Teddybären. Marcel will wissen, wie der Teddy heißt. Markus zuckt mit den Achseln. „Weiß nicht. Er ist einfach mein liebster Bär. Mama hat ihn mir gekauft im Einkaufsladen, bei uns gleich um die Ecke." Am Ohr wird ein Schild entdeckt. Oh, das steht ja sein Name! Er heißt: Made in Taiwan.

- Elena aus Russland bringt „echte russische Bonbons" mit. Sie sind schön groß und in Papier mit bunten Bildern gewickelt. Die Papiere kann man anschließend sammeln. Toll! Doch dann beim Essen. Zögern. „Sind die Bonbons nicht schon ganz alt? Wann wart ihr denn das letzte Mal in Russland?" „Aber die sind doch hier aus Bergedorf, aus dem russischen Laden!" Staunen. Auch auf meiner Seite Staunen über das Staunen. Die Selbstverständlichkeit, mit der wir Erwachsene in Deutschland aus der ganzen Welt einkaufen, scheint bei Kindern doch noch nicht ganz so im Bewusstsein verankert zu sein. Einige Kinder verabreden sich, wollen nachmittags mit Elena und ihrer Mutter zum russischen Laden fahren.

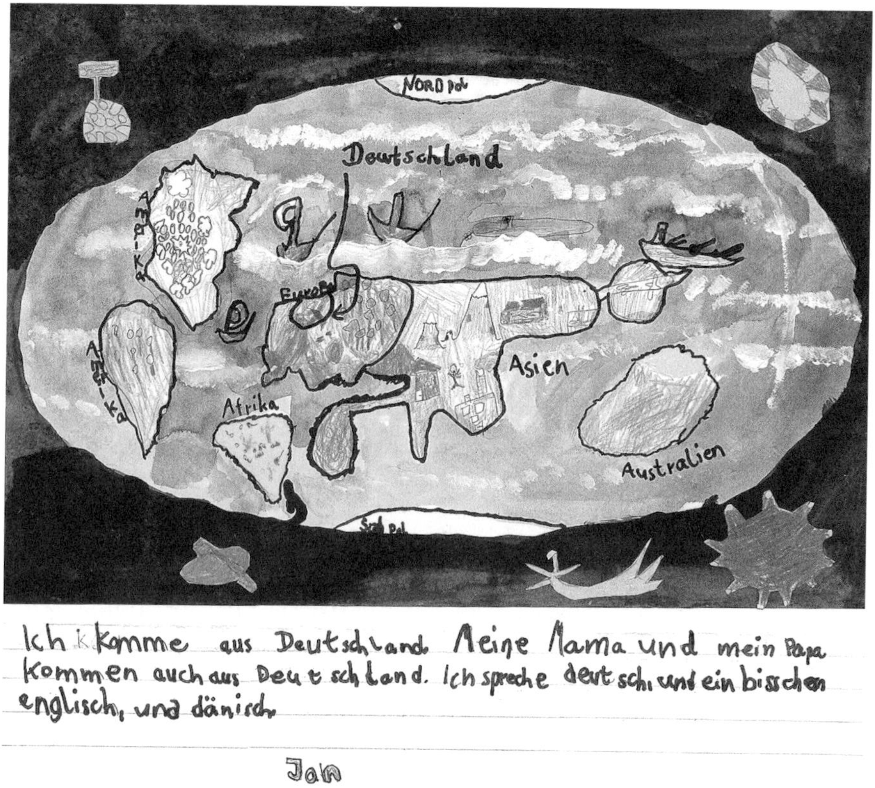

Abb. 9: Kinder entdecken ihr Herkunftsland ....

Dass sich im Zuge weltweiter Globalisierung ethnische und kulturhistorisch gewachsene Lebensgewohnheiten immer mehr gegenseitig durchdringen und relativieren ist ein Aspekt, der erlebbar wird. Doch der russische Bonbon bleibt trotzdem russisch, wird im Erinnern mit Elena verbunden und mit einem Ausflug in ein neu entdecktes Stück Deutschland. Das Andere ist anders und auch wieder nicht, das Eigene ist anders als gedacht. Abgrenzung und Durchmischung existieren nebeneinander und miteinander. Globalisierung hier und Rückbesinnung auf mich vom Anderen unterscheidende, abgrenzende Lebensgewohnheiten dort. Im Individuum vermischen sich diese scheinbar gegensätzlichen Aspekte. Ziel muss es sein, diese Durchmischung auch in das Bewusstsein der Lernenden zu heben.

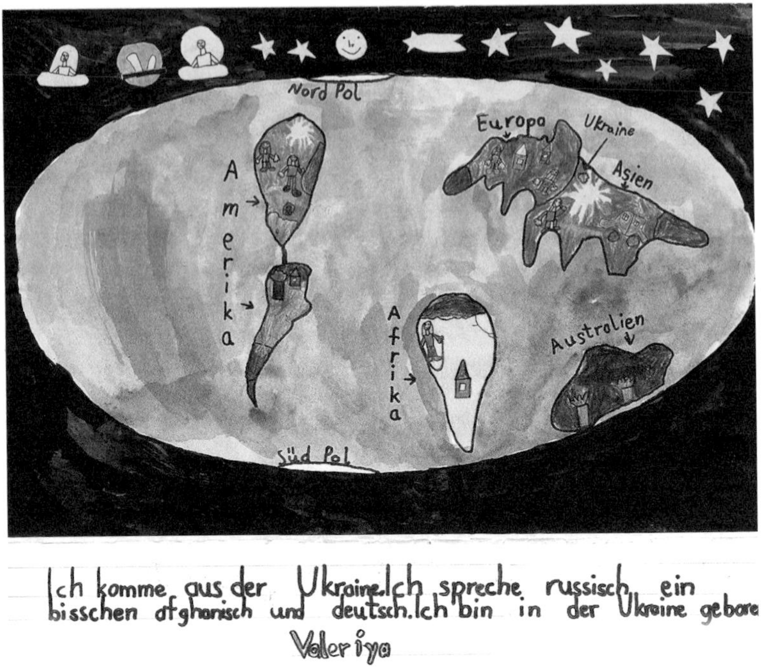

Abb. 10: ... und die Herkunftsländer der anderen Kinder

Auf dem Globus können Grenzen mit dem Finger umfahren werden. Dies ist „mein“ Land. Die Grenzen im Inneren sind unsichtbar, verschwommen und veränderbar. Sich auf das Andere einfühlend einzulassen, bedeutet keine Assimilation des Anderen. Es ist vielmehr Verstehen und Erweitern, aber gleichzeitig auch die Ausdifferenzierung des Eigenen. So sind auch die einzig abbildbaren Ergebnisse des Projektes auf ein Ausdruck der Durchmischung von Eigenem und Gemeinsamen:

- Zwei Weltkarten im Klassenzimmer: ein Globus mit politischer Karte. Jeder entdeckt sein eigenes Herkunftsland und die der anderen Kinder. Die Länder sind farblich unterschiedlich gekennzeichnet und so auch leichter zu finden. Dann eine geographische Karte, riesig groß. Grenzen sind hier nicht sichtbar. Der Versuch das eigene Herkunftsland zu finden, ist schwierig, Grenzen genau zu umfahren, unmöglich. Die Kontinente werden erarbeitet. Die Kinder finden ihren eigenen Zugang zur geographischen Karte. Australien sieht aus wie ein Monster auf einem Surfbrett, Tasmanien wie ein Schmetterling. Ein Blick in die Atlanten. Wir könnten auch eine Weltkarte malen ... Eine? Jedes Kind möchte lieber seine eigene Weltkarte malen, sucht anschließend auf dem Globus sein Herkunftsland und zeichnet es ein. Kleine Texte dazu erzählen vom Künstler. Es entsteht eine Ausstellung für unsere Eingangshalle (siehe *Abb. 9* und *10*).

- Ein Arbeitsblatt entsteht nun doch. Es wird während der Präsentation der ersten Gruppe gemeinsam entwickelt. Die russischen Referentinnen schreiben Wörter in kyrillischer Schrift an die Tafel, lassen rätseln und übersetzen. Alle wollen die kyrillische Schrift ausprobieren und suchen „ein schönes Blatt" aus meinem Ordner. Nach meinen Anregungen entsteht das „Russlandblatt". Die nachfolgenden Gruppen greifen das Schema auf. Dabei bereitet es den Kindern jedes Mal besonderes Vergnügen, die fremdsprachlichen Wörter zu schreiben und zu lernen sowie die jeweilige Landesfahne zu malen. Das Wesentliche bleibt unsichtbar: die Begegnung und Auseinandersetzung mit dem Ich und dem Anderen, mit unterschiedlichen Menschen, Sprachen, Lebensweisen, Lebensgeschichten, Erfahrungen, Gewohnheiten und Werten. Unser Anknüpfungspunkt ist geographisch und ethnisch. Doch die Verortung auf Weltkarte und Globus und die Welt-Bilder, innere wie äußere, entstehen gleichsam als Nebenprodukte der Annäherung an uns selbst" (*Lindner* 2005, S. 46–48).

Kompetenzstufe 4 – Bezugswissenschaft Geschichte

> Ich kann historisches Lernen in Schulklassen in Gang setzen und das unterschiedliche Wissen sowie die Interessen der Kinder einbinden.

Zeitzeugen im Unterricht

Andrea Gernhöfer (2004, S. 87–101) hat im Rahmen des Unterrichtsthemas „Krieg" die Methode der Zeitzeugenbefragung erfolgreich angewandt:

„In der ‚Oral History' vermittelt sich ein subjektiver Aspekt der Geschichte, der anders kaum zugänglich ist. Es kann ein lebensgeschichtlicher Bezug zum Thema hergestellt und eine konkrete Brücke zwischen gestern und heute gespannt werden. Nicht zuletzt aber sind die Zeitzeugen als ‚Überlebende' auch Träger von Hoffnung und Beweis für eine Bewältigung extremer, lebensfeindlicher Situationen. Sie bieten dadurch die Möglichkeit einer positiven Projektion für die Schüler und ermöglichen eine Entlastung und ein Gegengewicht zu negativen Gedanken.

Zur Vorbereitung der Gespräche mit den Zeitzeugen sammelten die Kinder ihre Fragen in Fragekatalogen, die beständig wuchsen. Um eigene Aktivitäten zu unterstützen, hatten die Kinder zunächst die Aufgabe, wo es möglich war, ihre eigenen Großeltern zu interviewen. Diese Gespräche führten zu der wichtigen Erfahrung, dass Fragekataloge nicht einfach der Reihe nach ‚abgehakt' werden können.

Diese ersten Erfahrungen waren für die Gespräche mit der Zeitzeugengruppe, die ich bewusst nicht an den Anfang der Unterrichtseinheit setzte, da die Kinder genügend Raum und Zeit zur Einarbeitung in das Thema benötigten, sehr hilfreich. Auch von Seiten der Zeitzeugen war ein ausreichender Planungsvorlauf notwendig. Ich hatte zu einer Seniorengruppe Kontakt aufgenommen, die sich schreibend mit dem 2. Weltkrieg auseinandersetzt. Ich wählte diese Gruppe ganz gezielt aus, da hier die generelle Bereitschaft vorhanden war, sich auf das Thema einzulassen. Zusätzlich war es für die Zeitzeugen sehr hilfreich, anhand der Fragekataloge Einblicke in den Fragehorizont der Kinder zu gewinnen und sich gedanklich auf die Gespräche vorzubereiten.

Die Zeitzeugenbefragung einer größeren Gruppe erwies sich im Rückblick als Vorteil für alle Beteiligten. Da nicht nur die Klasse, sondern auch die Zeitzeugen als Gruppe auftraten, war von Anfang an ein Gleichgewicht gegeben, das maßgeblich zu einer entspannten, kommunikativen Runde beigetragen hat. Gerade für ältere Menschen, deren Schulzeit lange zurückliegt, bestehen gegenüber Schule und Schülern auch Berührungsängste, die in der Regel zuerst eine Phase erfordern, um das ‚Eis zu brechen'. Das gilt verstärkt bei diesem besonderen Thema, bei dem persönlich erlebtes Leid berührt wird, über das zu sprechen schwierig sein kann. In der Gruppe aber konnten Fragen an andere Mitglieder weitergegeben, ergänzt oder auch sehr unterschiedlich beantwortet werden. Dadurch entstanden sehr vielschichtige, lebendige Eindrücke der Kriegs- und Nachkriegszeit, die aber auch durch verschiedene Perspektiven und ihre Subjektivität die Grenzen der ‚Oral History' für die Kinder deutlich machten. So unterschieden sich die erzählten Geschichten schon allein dadurch, ob man von der Bombardierung Hamburgs direkt betroffen war oder aus dem Umland die heranfliegenden Bombergeschwader und die aufsteigenden Rauchsäulen beobachtete.

In den Erzählungen über die Kriegs- und Nachkriegszeit beeindruckte die Kinder auch, was sie über Tauschhandel und Schwarzmarkt hörten. Denn hier wurden ihrem Wertebewusstsein ungewohnte Perspektiven gegenübergestellt. Der Wert des Geldes war in der Klasse schon ein Begriff, dessen Kaufkraft sie bis zu einem gewissen Grade durchaus einschätzen konnten. Dass auf Grund von Zerstörung und Mangel Geld nicht ohne weiteres in Nahrungsmittel einzutauschen war, stellte einen sehr starken Kontrast zur gewohnten Denk- und Konsumerfahrung dar. ‚Hätten Sie auch Gold gegen Brot getauscht?' war eine ‚Fangfrage' der Kinder in den Zeitzeugengesprächen und zeigte, dass diese für sie ungewohnte Perspektive von den Kindern ‚getestet' wurde, indem sie das ihrer Vorstellungswelt entsprechend Wertvollste, das ‚Gold' anführten. Dadurch wurde durch die Zeitzeugen ein Perspektivenwechsel angestoßen, der die Kinder sehr bewegte und beschäftigte.

Über die Thematisierung der Schwarzmarktzeit entwickelten sie weitere Aspekte zu Tauschsituationen in der Notzeit und griffen diese ungewohnte Perspektive vor allem in den von ihnen gezeichneten Bildern auf. Um den Tausch bildnerisch darzustellen, konnten die Kinder Vorlagen mit zwei vorskizzierten Händen verwenden. Es entstanden zahlreiche Zeichnungen der Kinder, die den Wertewandel in immer neuen Varianten erprobten und durchspielten, bis sie sich über ihre Bilder den Zugang zu einer für sie auf dem ‚Kopf' stehenden Welt erzeichnet hatten. Sehr häufig malten sie Bilder, auf denen lebenserhaltende Naturalien oder Medizin gegen große Geldsummen oder Gold eingetauscht wurden.

Als einige Zeitzeugen erzählten, dass sie auch heute noch aus der Angst heraus, wieder hungern zu müssen, immer zu viel Lebensmittel kauften, wurde den Kindern deutlich, dass der Krieg die Menschen über das Datum des Kriegsendes hinaus prägt, dass sie auch nach Kriegsschluss nicht wieder dieselben sind wie vorher. Für die Kinder war so nachzuvollziehen, warum es der Kriegsgeneration schwer fällt, etwas wegzuwerfen, oder weshalb Dinge von geringem Wert gesammelt werden. Eine Schülerin berichtete, dass sie bei ihren Großeltern auch immer aufessen müsse – eine Erfahrung, die auch von anderen Schülern bestätigt wurde. Dieses Gebot war nun durch die Zeitzeugen zu erklären und wurde nicht mehr nur aus der Perspektive unserer Wohlstandsgesellschaft als schwer verständliche Sanktion erlebt.

Durch die in der ‚Oral History' vermittelten Perspektiven wurde daher nicht nur die Vergangenheit der Geschichte, sondern auch die Gegenwart ihrer Erzähler für die Kinder transparent. Dass der Krieg bei den Menschen Wirkungen zeigt, die ihr Verhalten auch über fünfzig Jahre danach noch beeinflusst, war eine Erfahrung, die sich in so eindrücklicher Weise wohl nur in der personalen Begegnung der ‚Oral History' vermitteln lässt. Gerade über die geäußerten Gefühle der Zeitzeugen, die den objektiven Geschichtsdaten und Sachinformationen mit erfahrenen subjektiven Erlebnissen ein ‚Innenleben' gaben, konnten die Kinder von den Auswirkungen des Krieges auf die Menschen etwas erfahren. Diese Erfahrungen gingen im weiteren Verlauf der Unterrichtseinheit nicht mehr verloren. Es bewegte die Kinder in den Rederunden noch lange, dass die Zeitzeugen heute noch an ihren Erlebnissen zu tragen hatten. So wurde auch die Ansicht revidiert, dass der Krieg eine kurzfristige Angelegenheit sei, die nur wenige Tage dauere.

Das erarbeitete Wissen und die Erzählungen der Zeitzeugen ließen auch das Zeitbewusstsein der Kinder ‚wachsen'. Im weiteren Verlauf der Unterrichtseinheit legten die Kinder einen deutlich erweiterten Zeitrahmen zugrunde. Auch die Nachkriegszeit als eine Not- und Mangelzeit wurde durch die Zeitzeugen in das Bewusstsein der Kinder gerückt."

Kompetenzstufe 4 – Bezugswissenschaft Biologie

Ich kann in Schulklassen biologiebezogene Lernprozesse planen, initiieren und begleiten, die auf dem Wissen der Kinder aufbauen und ihre Interessen einbeziehen.

Der Schulgarten

Kann man vom Zustand eines Gartens auf dem Schulgelände auf die Qualität des Biologieunterrichts schließen? Vielleicht, wenn das schachbrettartige Muster, das aus quadratischen Betonplatten und den dazwischen entstandenen offenen Beeten gleicher Größe einen Anblick bietet, der die Forschungsaktivitäten von Kindern verrät. Wenn der Bericht der zuständigen Lehrerin hinzugezogen wird und dieser Bericht die Plausibilität des Eindrucks im einzelnen stärkt.

Jürgen Liepe (1992) kennt die Schule. Er beschreibt eine Reihe von Indizien für ökologisch sinnvolle Aktivitäten. Auszüge aus seinem Artikel, mit dem Bericht der ungenannten Lehrerin:

„Es handelt sich um einen ‚Neubau' aus den endsechziger/Anfang siebziger Jahren am Rande der Großstadt: die Flachbau-Schule inmitten der aufgelockerten Hochhaus-Bebauung – das Idealbild der Stadtplaner einer Generation. In solchen Hochhaus-Siedlungen mit den schönen, komfortablen Wohnungen zogen Anfang der siebziger Jahre vorwiegend jene Bevölkerungsgruppen ein, die aus den innerstädtischen, zu sanierenden Wohngebieten umquartiert werden mussten. Dass dies nicht die besser verdienenden Mittelstandsschichten waren, liegt auf der Hand.

In einem u-förmigen Innenhof erkennt man einige Aktivitäten, die näherer Betrachtung wert sind, z. B. den quadratischen Garten.

Die Lehrerin schreibt in schöner lateinischer Ausgangsschrift in einem Bericht über ihre Aktivitäten: Das Einzelbeet ist für Kinder in der Grundstufe ein Fleckchen Erde mit Identifikationscharakter ... Wir stellten mit Terrassenplatten auf einfachste Weise ein Schachbrett her ...

Bis die vorgezogenen Pflänzchen aus dem Klassenzimmer in ihren endgültigen Bestimmungsort ziehen konnten, wurde der Boden mit halbfertigem Kompost und Grasschnitt bedeckt. Yvonne meint: ‚Der Mutterboden ist die oberste Haut unserer Erde. So wie unsere Haut müssen wir die Erdhaut vor scharfem Wind und vor Sonne schützen.‘

Jedes Kind schrieb auf ein Kärtchen all die Pflanzen, die in seinem Beet zu finden sind. Mit diesen Suchkärtchen musste bestimmt werden, um wessen Beet es sich handelte. Die Pflanzen wurden dann einer Klassenliste zugeordnet. Trotz der Höhe einiger Erbsen, Bohnen, Wicken wurde nichts abgeknickt oder beschädigt. Die Schachbrett-Anlage erwies sich als zweckmäßig zum Begehen und Beobachten. ...

Dietmars dicke Bohne wuchs sehr schnell. Er hatte sie in den Osterferien abgehärtet und gepflegt. Bald setzte sie viele Blüten an. Heute hat sie bereits Bohnenschoten, umhüllt von Blattläusen. Wie wir erwartet hatten, haben sich nun auch Ameisen eingefunden, um die Blattläuse zu melken. Dietmar kann die Entwicklungskette der Bohnen und den Nahrungszusammenhang ‚Bohne-Blattlaus-Ameise‘ gut erklären. In seinem Beet sind ein paar Dillsträucher und ein Vogel aus Keramik, den er selbst geformt hat. Dieser sitzt auf einem Sockel aus Pflasterstein. Wenn man ihn anhebt, sieht man die Tiere, die in Dietmars Beet arbeiten“ (*Liepe* 1992, S. 65–82).

Kompetenzstufe 4 – Bezugswissenschaft Physik/ Chemie

Ich kann Unterricht zur Phänomenerkundung und zum Experimentieren unter Berücksichtigung erfahrungsbasierter Erklärungen und Fehlschlüsse der Schülerinnen und Schüler gestalten und über Materialien und Aufgaben gezielt Erfahrungen ermöglichen, die die Entwicklung naturwissenschaftlich anschlussfähiger Deutungen unterstützen.

Stülpen – Spracharbeit im Sachunterricht

Wissenschaftliches Arbeiten beruht auf der Fähigkeit zur genauen Beobachtung. Der Atlas der Naturwissenschaften Bildung (2001), den der Verband der amerikanischen Naturforscher AAAS (American Association for the Advancement of Science) herausgegeben hat, stellt Beobachten als fundamentale Kompetenz heraus. Darauf bauen eine Reihe von zunehmend komplexeren Fertigkeiten auf: Messen, Ordnen und Kommunizieren. Kommunizieren meint Fertigkeiten des Präsentierens von Ergebnissen in Vorher-Nachher-Form, in Gestalt von Tabellen, systematischen Aufzeichnungen – stets aber in einer Sprachform, die einen Vorgang auf transparente und nachvollziehbare Weise so beschreibt, dass die Zuhörer in der Lage sind, sofort zu verstehen, worum es geht. Als Didaktiker erkennen wir sofort, dass wir es hier mit einem Bereich zu tun haben, in dem sich die Erforschung von Naturphänomenen mit der Förderung des Sprachvermögens überschneidet. Wo eine Wechselwirkung gelingt, profitieren beide Bereiche. So führt der Anspruch auf aufmerksames und genaues Hinschauen, den die Naturwissenschaften mit sich bringen, zur Erweiterung des Vokabulars und zu präzise formulierten Aussagen. Der folgende Text von *Erika Huth* (unveröffentlicht) belegt diese Wirkung.

„Besonders intensiv wird die sprachliche Arbeit, als wir nach dem ‚richtigen' Wort für den Vorgang des Abdeckens der brennenden Kerze mit den Gläsern suchen. Die meisten Kinder legen, setzen oder stellen die Gläser über die Kerzen: ‚Das eine Glas stellt man falsch rum auf die Untertasse, so macht man das mit dem anderen auch!‘ Auf die Gleichzeitigkeit gehen nur wenige ein: ‚Beide Gläser werden gleichzeitig über die Teelichter gestellt; dann stelle ich die Gläser möglichst gleichzeitig umgedreht auf die Kerzen‘. Daneben gibt es Formulierungen, die die Tätigkeit vage andeuten: ‚Du musst die Kerzen auf die Untertassen legen und dann anmachen und die Gläser auf die Kerzen tun.‘ Als nicht passend, ungenau, falsch wird das Verb ‚packen‘ in der Formulierung bewertet: ‚Erst packst du die beiden Teelichter auf die beiden Untertassen. Wenn du sie angezündet hast, packst du die beiden Gläser auf die angezündeten Kerzen‘; oder: ‚Man packt das schmale und das dicke Glas über die brennenden Teelichter.‘ Diese Formulierung ist nicht treffend, weil die Bedeutung von packen nicht mit der Vorstellung von der Tätigkeit übereinstimmt, die wir hier so genau wie möglich benennen wollen.

Fünf Kinder in dieser vierten Klasse benutzen das einzig treffende Wort in ihrer Beschreibung: stülpen. Rechtschriftlich richtig benutzen allerdings nur zwei Kinder es, die anderen schreiben man ‚stöhpt‘, ‚stölpt‘ oder du ‚schtöbst‘. Mit der Formulierung ‚Man stülpt das große Glas über die eine Kerze und danach das kleinere über die andere Kerze‘ ist zwar die rechtschriftliche Seite befriedigt, aber der Handlungsablauf wird hier nicht getroffen. Eine sprachlich besonders begabte Schülerin beschreibt die Durchführung so: ‚Die Teelichter anzünden, dreißig Sekunden brennen lassen und dann die Gläser überkopf über die Teelichter stülpen‘. ‚Das Wort hab ich noch nie gehört‘, ist die spontane Reaktion eines Kindes, das sich für ‚packen‘ entschieden hat.

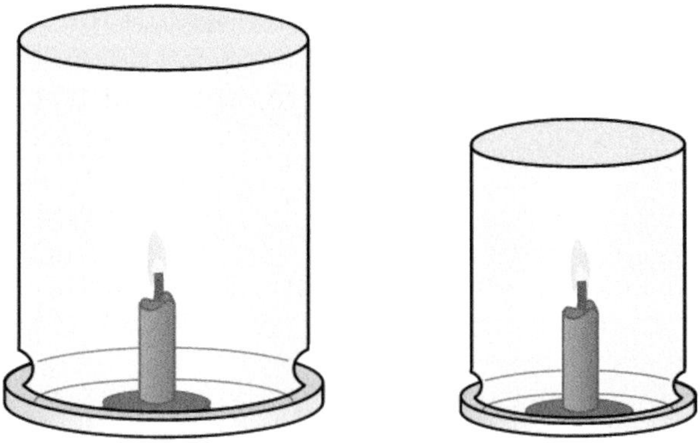

Abb. 11: Ein Versuch zum Sauerstoffverbrauch einer Kerze

Den Mut, das eigene Nichtwissen zuzugeben, ist bei der Spracharbeit eine wichtige Voraussetzung, um an die Sache näher heranzukommen. So ist durch seine Äußerung der Klasse die Möglichkeit gegeben, auf das Wort stülpen näher einzugehen. Es findet seine Abgrenzung zu stürzen: ‚Wenn man den Kuchen aus einer Form auf den Teller stürzt (oder aus dem Sandeimer in der Sandkiste) und dann anschließend die Form wieder über den Kuchen stülpt, weil man den Kuchen dann besser transportieren kann'. ‚Wenn das stülpen ist, dann braucht man doch nicht kopfüber noch dazu.' ist nun der berechtigte Einwand der zeigt, wie sich die Beobachtung der Handlung mit der Bedeutung des Begriffes verbunden hat."

Kompetenzstufe 4 – Bezugswissenschaft Technik

> Ich kann für Schulklassen Lernprozesse gestalten, bei denen die technische Funktion von Werkzeugen und Maschinen durch praktischen Umgang nachvollziehbar und die Wechselwirkung zwischen technischer und gesellschaftlicher Entwicklung deutlich wird.

Radierungen

Eine Bilderserie aus Radierungen die auf Plastikscheiben mit scharf geschliffenen Nägeln eingeritzt und mit der so genannten „Nudel“ gedruckt wurden, ist ein ungewöhnlicher Beleg aus der Arbeit von *Josef Koranda*, Lehrer am Bildungszentrum St. Konrad in Ravensburg. Er pflegte die Druckerei als Mittel des Unterrichts. Die Schülerinnen und Schüler organisierten Projekte, die sie in ihrer Werkstatt durchführten. Zeichnungen und mit Bleilettern gesetzte Texte dokumentierten ihre Arbeit.

Die Bilderserie zeigt die in vielen Schulen verbreitete Technik der Herstellung von Papier aus Altpapier in zwölf Radierungen (siehe eine Auswahl dieser Arbeitschritte in *Abb. 12* und *13)*.

Die kommentarlose Bildfolge mag als Beleg auf den ersten Blick ungewöhnlich erscheinen. Sie ist jedoch dem Bereich der Technik entsprechend sachangemessen und belegt die nachzuweisende Kompetenz mit hoher Plausibilität.

Abb. 12 und 13: Bilderserie zur Herstellung von Papier aus Altpapier (eine Auswahl)

Kompetenzenzstufe 5: Meisterschaft

Ich kann praktisch jede Situation aus einem der Fachbezüge aufgreifen und souverän in den Bildungsprozess der Kinder integrieren.

Es gibt nicht viele Belege für diesen Kompetenz-Nachweis. Anfangs schien es uns, als ob diese Stufe nur den wenigsten vorbehalten sei, ähnlich wie die höchsten Stufen des moralischen Urteils in dem Stufenschema von *Lawrence Kohlberg* (o. J.), in dem am Ende nur noch Persönlichkeiten vom Schlage eines Dalai Lama Platz finden. Aber nach genauerem Hinsehen stellt sich der Mangel an einschlägigen Publikationen als Ursache der spezifischen Publikationsbedingungen heraus und nicht als Indiz für mangelnde Meisterschaft unter den Lehrerinnen und Lehrern. Die meisten können zu dieser Stufe vordringen, wenn sie ihre besonderen Sachinteressen pflegen und im Zusammenhang mit den Handlungsinteressen der Kinder beharrlich verfolgen.

Vielleicht werden die erfolgreich beschrittenen, immer wieder unter veränderten Bedingungen variierten Wege als eine Art Landkarte oder Navigationssystem so im Kopf gespeichert, dass alternative Verlaufsmöglichkeiten stets abrufbar sind und der Überblick gewahrt bleibt. Entsprechend den Untersuchungen von *Sigrun Gudmundsdottir* (1985) gewinnen die Muster meisterschaftlichen Könnens beim „Pädagogisierten Fachwissen" eine narrative Gestalt. Sie werden in Form von Geschichten – Curriculum Storys – erinnert, nicht unähnlich der chronologisch die Schritte aneinander reihenden urtypischen „und dann ..."-Figur. Diese Verlaufsmuster sind noch genauer zu erforschen. Zu beachten ist, dass sie Bestandteil einer komplexen Praxis sind. Potenziale, die ihrer Entbindung in der Auseinandersetzung und Gestaltung der Wirklichkeit harren. Erst in der Anwendung erweist sich das Können.

Matthew Lipman (1975), einer der Gründerväter der Bewegung des Philosophierens mit Kindern, hat für das Verhalten der Gesprächsleiterin eine Metapher formuliert, die auf die Stufe der Meisterschaft beim „Pädagogisierten Fachwissen" übertragbar erscheint und die Zusammenhänge erhellen kann: Er vergleicht das Gespräch mit dem Kreuzen eines Segelschiffs gegen den

Wind. So, wie der Steuermann das Ruder hin und her wirft, scheinbar vom Zielpunkt abweicht, aber das Ziel doch genau vor Augen hat und es im Zickzack-Kurs unaufhaltsam ansteuert, so verfolgt auch die kluge Gesprächsleiterin nach *Lipman* ein Ziel, während das Gespräch von den Teilnehmern in ganz andere Richtungen getrieben wird. Ähnlich hält der Meisterlehrer das Schiff des Sachunterrichts bei allen Abstechern und Schwankungen auf Kurs. Er bewahrt den Überblick und kennt die Wege. „Fluctuat nec mergitur" steht unter dem Schiff im Pariser Wappen: Es schwankt, aber es geht nicht unter.

Eine Person, die über einen Zeitraum von mehreren Jahren immer wieder einen Sachverhalt, eine Erscheinung, ein interessantes Thema so in den Unterricht eingebracht hat, dass Kinder sich stets aufs Neue darauf einlassen, wird – wenn sie die Impulse und die Folgen aufmerksam und umsichtig beobachtet und zur Verbesserung und Bereicherung ihres Unterrichts einsetzt – ein spezifisches Wissen gewinnen, über das keine andere Person verfügt: Pädagogisiertes Fachwissen, das sich anhäuft und stets abrufbar erscheint.

Die Belege, die wir hier zusammengetragen haben, entstammen der Literatur. Oft aus Sicht von Schülern und Zeitzeugen, nicht von den betroffenen Lehrern selber aufgeschrieben. Hier liegt möglicherweise eine Schwierigkeit: Diese Beispiele sind unweigerlich von einem Heiligenschein umgeben, was entmutigend wirken könnte. Bei genauer Betrachtung stellt sich aber heraus, dass das Problem mit dem Mangel einer Kultur der Berichterstattung zusammenhängt: Wir müssen einfach in der „großen" Literatur suchen, weil das Lied des Meisterlehrers sonst nirgendwo gesungen wird. Jedenfalls so lange nicht, wie die Erziehungswissenschaft das Können von Lehrern als nicht dokumentationswürdigen Gegenstand übergeht.

Kompetenzstufe 5 – Bezugswissenschaft Politik/ Sozialwissenschaften

An das Kameradschaftsgericht in dem von *Janusz Korczak* während der dreißiger Jahre betriebenen Waisenhaus „Dom Sierot" in der Krochmalnastrasse 92 in Warschau erinnern sich die ehemaligen Schüler *Michal* und *Zofia Wroblewski* (1991, S. 169–180). Ihre Erinnerungen sind unter dem Titel „Sieben gute Jahre" erschienen.

„Im Waisenhaus behandelte man die Zöglinge nicht als Untertanen, sondern als Bürger dieser außergewöhnlichen Kinderrepublik ... Bei uns stellte man Anforderungen an sie, sie hatten Pflichten, aber sie hatten auch Rechte. Man bemühte sich, dass es ihnen möglichst gut ging, und zwar aus der Überzeugung heraus, dass auch sie dadurch besser würden. Ich denke dabei nicht ausschließlich an den Milieuwechsel, sondern an die Tatsache, wie jenes geformte und immerwährend formende Milieu sich wiederum auf die Kinder auswirkte. Seitens der Erwachsenen wurde ihnen niemals Gleichgültigkeit zuteil, vielmehr Wohlwollen und Verständnis; seitens der anderen Zöglinge im Allgemeinen – ein gutes Wort, oft der Wunsch zu helfen, sogar der konkrete Beweis dafür. Und folglich entstanden das so unerhört wichtige Gefühl von Sicherheit und die Überzeugung, hier schätzt dich keiner gering oder will dich antasten, erniedrigen, unterdrücken. Ob völlig bewusst, weiß ich nicht. Empfunden auf jeden Fall.

Der Grundstein unserer Anstalt war das Recht des Kindes auf Achtung, ja sogar auf Protest ... Leben und Zusammenleben wurden Tag um Tag von einem spezifisch verstandenen und für unsere sehr jungen Zöglinge fassbaren ‚Contrat social' geregelt. Die Wege zu den Veränderungen aber, die in unseren Kindern vor sich gingen, pflegten unterschiedlich und zahlreich zu sein.

Das Kameradschaftsgericht – Korczaks große pädagogische Errungenschaft – ruft gegenwärtig ziemliche Kontroversen hervor, die stärker von der Bezeichnung als vom Wesen der Sache beeinflusst sind. Es lohnt, daran zu erinnern, dass der Doktor den ‚Kodex' mühevoll während des Krieges zurechtgelegt und abgefasst hat, als er als Arzt in einem Frontspital arbeitete. Er dachte darüber nach, was zu tun sei, damit sich die Menschen nicht töten müssen, um ihre Anliegen durchzusetzen. Sein Recht kann man nicht mit Stärke beweisen, vielmehr auf dem Wege der Bedachtsamkeit und Gerechtigkeit.

Ein Kind, das von einer anderen Seite Unrecht erfahren hat, zahlte bei uns nicht mit gleicher Münze heim, musste aber nicht, im Gefühl der eigenen Schwäche hilflos, schweigend dulden.

Man verteidigte das Individuum vor der Boshaftigkeit einer kleinen Gruppe, verteidigte das Eigentum des Kindes. Verteidigte seine Würde. Du kleiner, heranwachsender Mensch, dein eigenes Ich, d. h. deine Bürgerrechte, gelten heute schon, nicht erst dann, wenn du herangewachsen bist!

Wenn es um das Gericht geht: Korczak war der Ansicht, dass dies ein Paritätenverbund sein wird, der zur Deklaration der Rechte des Kindes führt. Er trat dem Despotismus der Betreuer entgegen, die die ‚geringfügigen' Benachteiligungen und Klagen der Zöglinge missachteten und sie je nach Laune prüften. Ich möchte auch in Erinnerung rufen, dass das fünfköpfige Richterkollegium bei uns aus Kindern bestand, und ich weiß noch genau, dass ich Feleks Worte, ‚ich bin auch Richter gewesen', selbst anfangs für eine Mystifikation oder einen schlechten Scherz hielt. Mit Nachdruck möchte ich unterstreichen, dass bei uns ein Zögling nicht nur ein anderes Kind, sondern auch Erwachsene vor Gericht bringen konnte. Alle waren wir denselben Gesetzen verpflichtet. Wenn ich behaupte, dass das ‚Gericht' in der Krochmalna eine erzieherische Einrichtung war, gebe ich einer tiefen Überzeugung Ausdruck, die einer vieljährigen Praxis entspringt.

An der Anzeigetafel hing eine Liste mit folgenden Rubriken aus: Wer bringt wen und wofür vor Gericht. Die letzte Rubrik musste nicht ausgefüllt werden, da die jüngeren Kinder Schwierigkeiten damit hatten, ihre Klagen schriftlich zu formulieren. Als ich für längere Zeit die Funktion des Gerichtssekretärs ausübte, gehörte es zu meinen Aufgaben, die Liste von der Tafel zu nehmen und Kläger und Angeklagte aufzurufen, ihre Aussagen zu machen. Ich schrieb die angegebenen Fakten und Erklärungen nieder. Das fand öffentlich statt an einem Tisch im großen Speisesaal. Bei der Feststellung der Einzelheiten waren die streitenden Parteien gewöhnlich etwas aus dem Konzept gebracht, die anfängliche Aufregung legte sich. Das Gericht tagte jeweils erst am Sonnabend. Nicht selten wurde bis dahin eine Klage nochmals überdacht und zurückgezogen. Die Mitglieder des Richterkollegiums wechselten. Es wurden durch Losentscheid Kinder ausgewählt, die in der gegebenen Woche selber nichts beim Gericht vorliegen hatten. Als Sekretär war ich während der Gerichtssitzung anwesend, las die zusammengetragenen Aussagen vor, hatte jedoch nicht das Recht, das Wort zu ergreifen.

Der Fall Salcia ist mir in Erinnerung geblieben, Salcia, die Heniek wegen Gemeinheit vor Gericht gebracht hatte. Ich verstand nicht, worum es ging in diesem Fall von ‚Gemeinheit'. Wie sich dann herausstellte, war Heniek zu Salcia gelaufen und hatte sie plötzlich geküsst. Das Mädchen schämte sich und fand, dass das Unrecht, das ihr von seiten dieses Jungen geschehen, evident war. Soviel Schmach hat er ihr angetan, er ist ekelhaft und – gemein. Ich verstand. Bei der Gerichtsverhandlung legte ich die bloßen Fakten vor. Heniek leugnete keinesfalls. Die Meinungen der Richter waren geteilt. Die Jüngeren wunderten sich über Salcia, wieso sie überhaupt wütend auf Heniek war. Wenn er sie geküsst hatte, hieß das schließlich, dass er sie gern hatte. Ärgerlich zu sein, weil irgendwer irgendwen gern hatte? Die Älteren bemühten sich, zu erklären. Das Urteil erging mit Stimmenmehrheit und zeugte von Besonnenheit und Ernst.

Abschließend möchte ich noch mein letztes Gespräch mit Szymek erwähnen, dem einstigen Liebling von Frau Stefa, einem freundlichen, sanftmütigen Menschen. Er ist dem Schicksal dankbar, dass er überhaupt in die Krochmalna gelangt ist. Vom Herrn Doktor spricht er mit Liebe und Ehrfurcht.

Er selbst ist nicht mehr jung. Noch immer arbeitet er in der Baubranche und von daher nimmt er seine Ausdrucksweise. ‚Sehen Sie' sagt er, ‚Korczak hat mir das wichtigste gegeben: ein gutes, solides Fundament. Selbst wenn das Haus abbrennt oder abgerissen wird, auf so einem Fundament kann man immer ein neues errichten. Das Fundament ist das wichtigste.'"

Kompetenzstufe 5 – Geographie

Aus der von *John Dewey* vor mehr als hundert Jahren eingerichteten Laborschule in Chicago berichteten die Lehrerinnen *Catherine Mayhew* und *Anna Edwards* (1966, S. 117–133); Auszüge:

„Das Klassenzimmer von Gruppe 5, mittelgroß und nach Süden gerichtet, war mit einem Sandkasten für Geographie ausgestattet, außerdem Tafel, Tische, Kammer. Wegen des unablässigen Besucherstroms enthielt jeder Raum Extrastühle, und beim Unterricht war jederzeit eine Gruppe von erwachsenen Zuschauern anwesend.

Der Ausgangspunkt des Unterrichts richtete sich nach den Interessen der Kinder und erwuchs aus ihren Diskussionen. Sie lasen eine Begebenheit aus dem Leben eines Entdeckers, Prinz Heinrich von Portugal. Da wurde die Aufgabe gestellt, die mächtigsten Landmassen auf dem Globus zu suchen. Jedes Kind bestimmte seine eigenen Kontinente (das Wort war ihnen genannt worden) und schrieb deren Namen an die Tafel. So fanden sie die sechs Kontinente und bestimmten dann die Definition dessen, was ein Kontinent sein sollte. Dabei fanden sie auch Definitionen für „Insel" und „Isthmus".

Einige Kinder dachten, Heinrich könnte ein Schiff wie das von Nansen bauen, und dies führte zur Diskussion über die Art von Schiffen, die damals in Gebrauch waren, und über die wenigen Instrumente, die zur Navigation auf hoher See verfügbar waren. Manche Kinder hatten sich so weit mit Nansens Reisen befasst, dass sie die Bedeutung von Planung und vorbereitenden Studien kannten. Sie konnten leicht nachvollziehen, weshalb Heinrich ein Observatorium baute, an dem er die Entwicklung von besser tauglichen Instrumenten systematisch verfolgen ließ. Über dies Thema kamen die Kinder zum Gegenstand Kartenzeichnen. Jedes Kind fertigte eine Karte des eigenen Schulweges an. Die Karten zeigten große Unterschiede, was die Genauigkeit anging. Ein einziges Kind hatte daran gedacht, die Entfernung durch einen Maßstab anzugeben. Diese Erfahrung brachte ihnen aber die Lektüre von ‚Heinrich der Weltumsegler' von C. R. Beazley näher, in der die Entwicklung des Kartenzeichnens mit vielen Bildern dargestellt ist. Dann wurde ihnen ein systematischer Kurs im Kartenzeichnen geboten. Dabei arbeiteten der Werkstattmeister, der Kunstlehrer und der Klassenlehrer mit den Kindern zusammen.

Die lange Vorbereitungszeit der Weltumsegler wurde herausgestellt, sie hing mit der Ärmlichkeit der Ausrüstung und den geringen Kenntnissen zusammen, welche diese frühen Entdeckungsreisen behinderte. Das Hinauszögern des Reisebeginns wurde auf die starken Passatwinde in nordöstlicher Richtung und die Meeresströmungen zurückgeführt, die an der Westküste Portugals vorherrschten. Die damals ernsthaft diskutierte Annahme, dass das Meer im Süden kochen würde, dass die Männer schwarz werden würden, dass sie nie zurückkehren könnten, wenn sie einmal in einem Kreisstrom gefangen waren, bot Anlass zur Untersuchung der tatsächlich herrschenden physischen Kräfte auf der Erde. Die Wind- und Wasserströmungen wurden ausgehend vom Äquator bis zu den Polen untersucht, um ihren Einfluss auf Schiffsreisen festzustellen. Der Wert von Breitengrad-Angaben wurde klar, nachdem die Wirkung von Winden und Wasserströmungen auf das fahrende Schiff begriffen worden war. Die Methode der Bestimmung von Breitengraden wurde erarbeitet, die Zahl der Grade in einem Zirkel, in einem Halbzirkel, einem Viertelzirkel usw. – angewandte Geometrie. Dann wandten sich die Kinder dem Nutzen von Längengraden für die Zeitbestimmung zu. Sie stellten Kompasse her, indem sie Nähnadeln magnetisierten und mit Seidenfäden in einer Schachtel aufhängten, deren Wände sie markiert hatten. Die Anziehungskraft eines Magneten und die Anziehung und Abstoßung gleicher und ungleicher Pole wurden bei dieser Gelegenheit untersucht.

Viel Zeit wurde auf die Herstellung von Reliefkarten und Nachbildungen der entdeckten Länder im Sandkasten aufgewandt. Man diskutierte darüber, weshalb Heinrichs Expedition nicht ins Innere Afrikas vordrang, und fand zwei plausible Erklärungen: das Fehlen schiffbarer Flüsse und den Drang, auf dem Meer zu neuen Ufern zu kommen. Die Entdeckung der Berge im Innern auf den vorhandenen Reliefkarten führte zu einem Gespräch über deren Folgen auf das Klima an den Küsten. Schließlich kam auch die Ausbreitung der Wüste Sahara zur Sprache. Hierbei wurden zahlreiche Versuche durchgeführt, die den Bereich der Physik berührten. Mit Hilfe von Papierstreifen wurden die Luftströmungen im Klassenraum dargestellt. Sie sahen, dass die Kaltluft von den

Fenstern zu Boden sank, und dass die Warmluft von der Heizung an die Decke emporstieg. Analog, so verstanden sie, strömt auch die sonnenerwärmte Luft vom Äquator als Passatwind nach Norden und Süden. Sie beschrieben die Richtung dieser Winde zuerst so, als ob die Erde still stehen würde, dann die durch die Erdumdrehung beeinflusste Richtung. Mit dem Thermometer ermittelten sie die Temperaturen von Wasser und Sand im Klassenraum. Dann erhitzten sie beides über einer Gasflamme und maßen die Temperatur: Das Wasser war in der Nähe der Heizquelle ähnlich heiß wie an der Oberfläche, der Sand heizte am Boden enorm auf, während seine Temperatur an der Oberfläche fast gleich blieb. Aus diesen Beobachtungen schlossen sie auf die unterschiedliche Erwärmung von Land und Wasser durch Absorption von Sonnenlicht und auf die verschiedenartige Hitzeabgabe von Land und Wasser deren Auswirkungen auf das Klima. Die Drehung der Erde um die Sonne wurde vorgestellt und diskutiert, um die Wechsel der Jahreszeiten und die verschiedenen Klimazonen besser zu verstehen, in denen die Entdeckungsreisenden sich fanden. An der Tafel an der Nordseite des Klassenraums wurde ein Stern befestigt, ein Bunsenbrenner war die Sonne und ein Ball die Erde. Die Kinder zeigten die Erddrehung, den Erdumlauf und erklärten die Wirkung aufs Klima. Sie zeichneten Bilder von der Neigung der Erdachse und ermittelten mit Hilfe des Tellurium, zu welchen Jahreszeiten die Erde senkrecht im Zenit über einzelnen Kontinenten steht.

Es wurde Wert auf sorgfältig geführte Aufzeichnungen gelegt. Der größte Teil bestand aus Diktaten, aber die Kinder verfassten auch regelmäßig ihre eigenen Texte über die Entdeckungsreisen. Viele Wörter schrieben sie fehlerhaft, selbst dann, wenn sie vorher an die Tafel notiert worden waren. Eine Liste der zwölf häufigsten Fehlschreibungen wurde daraufhin noch einmal von Kindern angeschrieben, die sich dafür freiwillig meldeten, und diese Liste wurde dann korrigiert und ihnen diktiert, so dass sie die gleichen Wörter jetzt zum dritten Mal schrieben. Aber selbst jetzt konnte kein Kind alles fehlerlos schreiben; zwei schafften nicht einmal ein Drittel der Wörter korrekt. Trotz der Wiederholungen behielten die Kinder ihr Interesse an der regelrechten Schriftform und nahmen ihre Arbeiten sogar mit nach Hause, um sie neu zu schreiben oder perfekt zu Ende zu führen. Derartige Beobachtungen belegen, dass es eine Zeit und einen Ort für die Übung von Fertigkeiten gibt, eine Phase, in der die Kinder selbst den Drill nicht ablehnen, wenn sie dessen Notwendigkeit einsehen, denn sie streben nach der Leichtigkeit des Ausdrucks, den sie durch diese Übungen gewinnen."

Kompetenzstufe 5 – Bezugswissenschaft Biologie

Der Schriftsteller *Elias Canetti* erinnert sich an seinen Lehrer *Karl Fenner*, der in den Jahren nach dem Ersten Weltkrieg in der Züricher Schule Naturgeschichte unterrichtete. Wie meist geht es *Canetti* darum, das Wesen eines Menschen zu fassen, und wie an vielen anderen Stellen bildet die Auseinandersetzung mit dem Tod den eigentlichen thematischen Mittelpunkt. Aber diese Geschichte, die wahrscheinlich zu den schönsten Schulgeschichten überhaupt gehört, enthält mehrere unvorhergesehene Wendungen, und die letzte dieser Wendungen ist eine Verneigung des alt gewordenen Schülers vor seinem Lehrer (*Canetti* 1977, S. 318–323.:

„Er war klein und etwas fett, seine Stimme weich und leise, aber sein Unterricht war sachlich und genau bedacht, von einer Gründlichkeit, die eine Lust war, wir kamen nur langsam vorwärts, aber was man bei ihm durchgenommen hatte, vergaß man nie, es war einem für immer eingezeichnet.

Er unternahm Exkursionen mit uns, die wir alle mochten. Da ging es heiter und gelassen zu, da wurde nichts übersehen, am Rumensee holten wir uns allerlei kleine Wassergeschöpfe, die wir in die Schule zurücknahmen. Im Mikroskop zeigte er uns dieses fantastische Leben auf kleinstem Raum, und alles, was wir sahen, wurde dann gezeichnet. Es kostet mich Überwindung, nicht darauf einzugehen und in einen Naturgeschichtskurs zu verfallen, den ich Lesern, die das ohnehin alles wissen, schwerlich zumuten kann. Aber ich muss erwähnen, dass er meine empfindsame Haltung in allen Fragen des Fressens und Gefressenwerdens, die damals begann, nicht teilte.

Er nahm es, wie es war, was in der Natur geschah, unterstand nicht unseren moralischen Urteilen. Er war zu schlicht, vielleicht auch zu bescheiden, um sich mit seiner Meinung in diese unerschöpflich grausamen Prozesse einzumischen. Wenn ich bei den Exkursionen, wo zum Sprechen Zeit war, mir etwas Gefühlvolles in dieser Richtung entfahren ließ, schwieg er und antwortete nichts, was sonst nicht seine Art war. Er wollte uns an eine männlichstoische Haltung in diesen Dingen gewöhnen, aber ohne Salbaderei und Geschwätz, einfach durch seine Haltung. So musste ich sein Schweigen als Missbilligung empfinden und hielt mich ein wenig zurück.

Er bereitete uns auf einen Besuch im Schlachthaus vor, den er plante. Während einiger Stunden vorher kam er öfters darauf zurück, immer wieder erklärend, dass man die Tiere nicht leiden lasse, es wäre, anders als früher, dafür gesorgt, dass sie eines raschen, schmerzlosen Todes stürben. Er ging so weit, in diesem Zusammenhang das Wort ‚human' zu gebrauchen, und schärfte uns ein, wie wir uns, jeder in seinem Umkreis, zu Tieren zu benehmen hätten. Ich achtete ihn so sehr, ich war ihm so zugetan, dass ich auch diese etwas zu umsichtigen Vorbereitungen auf das Schlachthaus hinnahm, ohne mich mit Abneigung gegen ihn zu erfüllen. Ich spürte, dass er uns an etwas Unvermeidliches gewöhnen wollte, und dass er sich so viel Mühe damit gab und lange vor dem Besuch damit begann, gefiel mir ... Aber dem Tag des Besuches, der näher rückte, sah ich mit großer Angst entgegen. Fenner, der ein guter Beobachter war, dem auch an Menschen nicht leicht etwas entging, bemerkte das wohl, obschon ich es hartnäckig in mich versperrte und vor den Kameraden, deren Witze ich fürchtete, nie etwas sagte.

Als es soweit war und wir durch das Schlachthaus gingen, ließ er mich nicht von seiner Seite. Jede Einrichtung erklärte er, als sei sie den Tieren zuliebe erdacht. Seine Worte legten sich als schützende Schicht zwischen mich und alles, was ich sah, sodass ich dieses gar nicht klar zu schildern vermöchte. Wenn ich es heute bedenke, kommt es mir vor, als habe er sich wie ein Priester aufgeführt, der einem den Tod wegredet. Es war das einzige Mal, dass seine Reden mir ölig vorkamen, obwohl sie dazu dienten, mich vor meinem Entsetzen zu schützen. Seine Absicht gelang ihm, ich nahm es alles ohne Gefühlsausbruch ruhig auf, er mochte zufrieden mit sich sein, bis seine Wissenschaft mit ihm durchging und er uns etwas zeigte, das alles zunichte machte. Wir kamen an einem eben geschlachteten Mutterschaf vorbei, das offen vor uns dalag. In seiner Fruchtblase schwamm winzig ein Lamm, kaum einen halben Daumen lang. Kopf und Füße waren deutlich zu erkennen, doch alles an ihm war so, als ob es durchsichtig wäre. Vielleicht hätten wir es nicht bemerkt, er hielt uns an und erklärte mit seiner weichen, aber ungerührten Stimme, was wir sahen. Wir waren alle um ihn versammelt, er hatte mich aus dem Auge gelassen. Doch jetzt sah ich ihn an und sagte leise ‚Mord'. Das Wort kam mir von der eben verflossenen Kriegszeit her leicht über die Lippen, aber ich glaube, ich war in einer Art von Trance, als ich es sagte. Er muss es gehört haben, denn er unterbrach sich, sagte: ‚Jetzt haben wir alles gesehen', und führte uns, ohne noch einmal anzuhalten, aus dem Schlachthaus hinaus. Vielleicht hatten wir wirklich alles gesehen, was er uns zeigen wollte, aber er ging rascher, es lag ihm daran, uns draußen zu haben ...

Heute weiß ich sehr wohl, dass er mir über etwas hinweghelfen wollte, über das hinwegzukommen mir nicht erlaubt war. Auf seine Weise hat auch er sich dem Schlachthaus gestellt. Hätte es ihm, wie den meisten, nichts bedeutet, er hätte uns nicht so rasch wieder hinausgeführt. Falls er, ein 90-, ein 100jähriger, noch auf der Welt sein sollte, so möge er wissen, dass ich mich vor ihm verneige." (aus: *Elias Canetti*, Gesammelte Werke Band 7: Die gerettete Zunge. Geschichte einer Jugend. © Carl Hanser Verlag, München)

Kompetenzstufe 5 – Bezugswissenschaft Physik

Der Lehrer *Richard Frazier* berichtet im Internet über die Versuche zum Kartesischen Taucher, die er mit seinen Schülern seit vielen Jahren durchführt; er hat im Lauf der Zeit eine modellhafte „Curriculum-Geschichte" entwickelt. Vielleicht ist es ein Kennzeichen des hervorragenden physikbezogenen Sachunterrichts, dass eine eindeutige und einfache Erklärung des Phänomens um so unerreichbarer erscheint, je genauer man sich mit der Sache befasst. Auszüge aus der deutschen Übersetzung von *Corinna Vinicombe* (vgl. *Schreier* 2004c):

„Die ersten Versionen, die wir einsetzen, werden aus 1,5 Liter-Plastikflaschen hergestellt. Für die Taucher selbst benutzen wir umgedrehte Reagenzgläser, Pipetten und Spritzen, die mit einer kleinen Bleikugel als Ballast gefüllt sind. Die Taucher können so „eingestellt" werden, dass sie sofort reagieren, wenn sie in die wassergefüllten Flaschen gelangen. Am leichtesten ist es, den Auftrieb der Taucher in einem großen offenen Wasserbehälter auszutarieren, bevor man sie in die Flaschen steckt. Die Flaschen müssen mit Wasser gefüllt sein, die Taucher werden mit dem offenen Ende nach unten in die Flaschen gesetzt, ohne die beim Austarieren eingegebene Wassermenge zu verändern, und die Deckel müssen festgedreht oder aufgedrückt werden. Wenn ich den Schülern die Taucher gebe, sind alle funktionsbereit.

Ich gebe in der Regel eine kurze Einführung, spekuliere über den Namen und liefere eine hanebüchene Erklärung dazu, was mit dem Taucher passiert. Zum Beispiel behaupte ich, dass ich meinen Schülern Psychokinese vorführe, indem ich den Taucher mit meinen Gedanken nach unten drücke; tatsächlich aber drücke ich die Flasche unmerklich zusammen. Während die Schüler es kaum abwarten können, ihre Hände an die Versuchsanordnung zu bekommen, stelle ich zwei Aufgaben: Die Schüler sollen erstens das Verhalten des Tauchers oder der Taucher so vollständig wie möglich beschreiben und zweitens die Konstruktion und Handhabung der drei eingesetzten Taucher-Formen erlernen (Teströhre, Pipette, Spritze). Ich rege die Schüler an, Bilder zur Illustration ihrer Beschreibungen und Erklärungen anzufertigen.

Im Lauf der Jahre habe ich gelernt, bestimmte typische Erklärungen zu erwarten. Die Tatsache, dass manche Ideen in jeder Klasse wiederholt werden, lässt mich zu dem Schluss kommen, dass diese dauerhaft wirksamen Konzepte eine nähere Betrachtung wert sein könnten.

Ich denke, dass es durchaus mitteilenswert erscheint, wenn im Lauf von zehn Jahren naturwissenschaftlichen Unterrichts rund 1.300 Schüler ähnliche Erklärungsmuster entwickeln. Ich möchte jede dieser Erklärungen sorgfältig darstellen, wobei ich von der zuletzt unterrichteten Gruppe von Schülern ausgehe. Der Spaß beginnt, wenn wir anfangen, uns die Theorien vorzunehmen. Ich habe jeder einzelnen einen Namen gegeben, um eine Diskussion zu erleichtern.

- Die Gewichtstheorie: Das Zusammendrücken der Flasche zwingt Wasser in den Taucher. Mehr Wasser lässt den Taucher schwerer werden und ihn sinken. Das Loslassen der Flasche bewirkt, dass die zusammengepresste Luft, die in dem Taucher gefangen ist, das überschüssige Wasser wieder hinausbefördert. Der Taucher wird leicht genug, um wieder emporzutreiben.

- Die Lufttheorie: Luft bewirkt, dass der Taucher an die Oberfläche treibt. Wenn das Luft-Volumenverhältnis eines Objekts auf einen bestimmten Punkt reduziert wird, ist nicht mehr genug Luft vorhanden, um das Objekt oben zu halten; es sinkt. Der Taucher funktioniert, weil die Luft in seinem Innern durch das Pressen der Flasche bis zu dem Punkt komprimiert wird, an dem sie den Taucher nicht mehr oben halten kann. Wird die Flasche wieder losgelassen, expandiert die Luft wieder bis zu jenem kritischen Punkt, an dem sie den Taucher oben halten kann.

- Die Druck-Strömungstheorie: Das Pressen der Flasche übt Druck auf das Wasser im Innern aus. Das Wasser versucht, nach oben aus dem Flaschenhals zu treten. Dies kann man sehen, wenn man die Flasche ohne Verschluss zusammendrückt. Wenn der Verschluss aber aufgesetzt ist, prallt das Wasser zurück und zieht den Taucher mit hinunter. Wenn man die Flasche loslässt, wird diese Strömung rückgängig gemacht.

- Die Druck-Krafttheorie: Das Pressen der Flasche übt Druck auf das Wasser im Innern aus. Weil die Druckkraft das Wasser nicht bewegen kann, da es eingeschlossen ist, wird die Druckkraft auf den Taucher übertragen und drängt ihn nach unten. Diese übersetzende Kraft verschwindet, wenn das Pressen aufhört, und der Taucher kehrt in seine treibende Ausgangsposition zurück.

- Die Volumen – Verdrängungstheorie: Schweben und Sinken beinhalten eine Beziehung zwischen dem Gewicht eines Objektes und dem Gewicht des Wassers, das es verdrängt. Für Schwebkörper gilt, dass das Gewicht des schwimmenden Objektes genauso groß ist wie das Gewicht des Wassers, das es verdrängt; für Sinkkörper gilt, dass das Gewicht des sinkenden Objekts größer ist als das Gewicht des Wassers, das es verdrängt. Durch den Druck von außen verdrängt der Taucher unterschiedliche Wassermengen und wechselt als Schweb- oder Sinkkörper auf und ab. Die unterschiedlichen Mengen verdrängten Wassers scheinen in den Taucher hinein und wieder aus ihm hinaus zu gehen.

Die meisten der Schülerinnen und Schüler, die eine Erklärung anbieten, haben bereits Erfahrungen mit der Untersuchung von Auftriebsphänomenen. Einige kennen sogar die Anekdote von Archimedes. Die Gewichtstheorie ist immer wieder sehr populär. In der Tat behaupten auch fünf der oben erwähnten sechs Handbücher, dass der Eintritt von Wasser in den Taucher durch das Drücken der Flasche diesen schwerer machen würde. Die Druck-Strömungstheorie geht der Druck-Krafttheorie häufig voraus. Nachdem die Schüler die Sache ausprobiert haben, geben sie die Strömungstheorie oft wieder auf, aber das Konzept des Drucks, der einen Effekt produziert, bleibt in einigen Fällen erhalten.

Wenn die Theorien dargelegt, erklärt und konsolidiert worden sind, stelle ich den Schülern die Aufgabe, jede von ihnen zu testen. Sie sollen neue Beweise für oder gegen jede Theorie finden. Die Beweise sollen dadurch ermittelt werden, dass die Folgerungen, die sich aus jeder Theorie ergeben, im einzelnen nachgeprüft werden. Schließlich präsentieren die Schüler die Auswertung ihrer verschiedenartigen Vorgehensweisen in der Klasse. Es zeigt sich, dass sie mit der Aufgabe ganz unterschiedlich umgehen. Einzelne hinterfragen die Theorien so energisch, als ob es ihnen darauf ankäme, jede einzelne zu widerlegen. Einige halten an ihrer ursprünglichen Idee fest; sie können sich einfach nicht vorstellen, dass sie nicht zutreffen sollte.

Ebenso wie ich über die Jahre erfahren habe, dass die Theorien über den Taucher vorhersehbar sind, habe ich feststellen können, dass die Tests dazu unglaubliche Innovationen hervorrufen. Jedes Jahr lerne ich etwas Neues, sehe ein neues Beweisstück oder ein altes in einem neuem Licht. Eine Atmosphäre von Entdeckung und Debatte dominiert den naturwissenschaftlichen Unterricht während dieser Theorie-Test-Phase. Neue Ideen werden bedenkenlos angewandt, neue Techniken werden erfunden und verbessert. Einige dieser Tests sind so einzigartig, sie müssen einfach beschrieben werden. In den Literaturhinweisen, die ich gesehen habe, sind kaum ähnliche aufgeführt worden.

Nach der Gewichtstheorie sollte ein Taucher, der gegen Wasserzutritt verschlossen ist, nicht funktionieren, da kein Wasser eintreten kann, um ihn schwerer zu machen. Ein Reagenzglas, über dessen Öffnung ein Ballon gespannt wird, kann mit eingefülltem Wasser so austariert werden, dass es als Taucher fungiert. Auch ein leicht aufgeblasener Ballon, der eine Murmel oder ein Angelgewicht aus Blei enthält, kann als Taucher fungieren.

Die Tatsache, dass ein geschlossener Taucher hinabsinken und emportreiben kann, wird von den meisten als ernste Bedrohung der Gewichtstheorie wahrgenommen. Geschlossene Taucher sind auch für andere Tests brauchbar, da die Flaschen, die sie enthalten, auf den Kopf gestellt, fallen gelassen und schnell gedreht werden können. Strikte Befürworter der Gewichtstheorie werden argumentieren, dass geschlossene Taucher anderen Prinzipien folgen als die klassischen Kartesischen Taucher mit dem offenen Zugang.

Die aufregendsten Versuche laufen darauf hinaus, den Taucher während des freien Falls zu betätigen. Die beiden Drucktheorien und die Lufttheorie berufen sich für die Tauchbewegungen auf andere Ursachen als die Schwerkraft. Die meisten Schüler stimmen darin überein, dass die Drucktheorie richtig sein muss, wenn es sich als irrelevant herausstellen sollte, ob die Flasche fällt oder nicht, wenn also das Drücken allein genügt.

Am Swimmingpool üben die Schüler das Springen vom Sprungbrett, während sie den Taucher betätigen. Dabei treten folgende Situationen auf: Ein Schüler springt und drückt die Flasche mit dem Taucher. Der Schüler drückt und springt. Der Schüler drückt, springt und löst den Druck. Der Schüler drückt, springt und lässt die Flasche los.

Der im Freien Fall befindliche Taucher bringt nahezu jedermann, einschließlich Erwachsene, zu einem Augenblick des nachdenklichen Innehaltens. Ist der Kartesische Taucher tatsächlich ein Beispiel für Auftriebsphänomene? Hängen Auftrieb und Sinken mit der Schwerkraft zusammen?

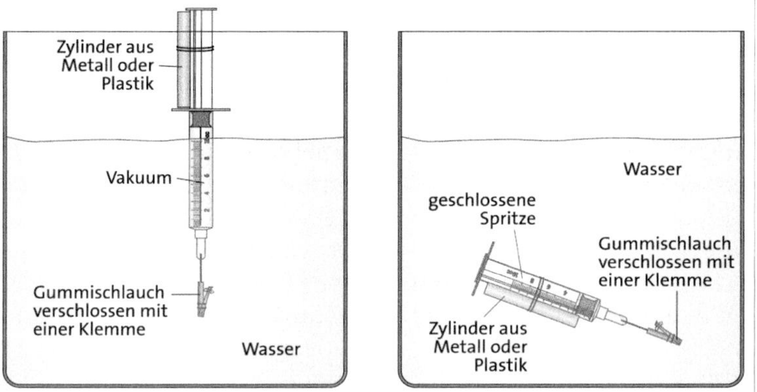

Abb. 14: Ohne Luft, ohne Vakuum, ohne Veränderung der Masse wird die Spritze zum Sinken gebracht. Die Spritze, die gegen atmosphärischen Druck offen gehalten wird, schwimmt, obgleich keine Luft in den Taucher getreten ist.

Der intelligenteste Test zur Prüfung der Lufttheorie drehte sich um den raffinierten Einsatz des Vakuums. Eine Schülerin nahm eine 50-Kubikzentimeter-Spritze mit eingezogenem Kolben, versah sie am unteren Ende mit einem Gummischlauch und einer Klemme, und setzte einen zylinderförmiges Röhrchen aus festem Plastik daran. Die gesamte Anordnung wurde in einem großen Wassercontainer zum Sinken gebracht (siehe *Abb. 14*).

Die Schülerin nahm dann die Spritze aus dem Wasser, drückte den Schlauch zusammen und klemmte ihn zu. Dann zog sie den Kolben auf und keilte den Plastikzylinder zwischen das Ende des Kolbens und der Kante des Spritzenkörpers, um zu verhindern, dass der Kolben durch den atmosphärischen Druck in die Spritze hineingedrückt wurde. Die Schülerin demonstrierte, dass der Innenraum der Spritze nicht wie ein luftgefüllter Raum reagierte, indem sie den Schlauch unter Wasser öffnete und Wasser in die Spritze eindringen ließ. Sie leerte das Wasser aus der Spritze, klemmte den hochgezogenen Kolben wieder fest und platzierte dieses Versuchsgerät im Wasserbehälter (siehe *Abb. 14*). Die Spritze schwamm, obgleich keine Luft hinzugefügt worden war. Die Schülerin konnte also den Auftrieb dieses dem Kartesischen Taucher ähnlichen Gerätes variieren, ohne das Gewicht zu verändern oder Luft hinzuzufügen. Die darauf folgende Debatte über das Vakuum hätte vielleicht sogar *René Descartes* beeindruckt.

Nach der Lufttheorie stellt sich die Volumen-Verdrängungstheorie für die Schüler als die am schwierigsten nachprüfbare heraus. Einige versuchen, das Archimedische Prinzip zu prüfen, indem sie die Objekte und das von den Objekten verdrängte Wasser wiegen. Wenn nur wenige Schüler solch eine Messung durchführen, sind die Ergebnisse zweifelhaft, denn die Streuung der Messergebnisse kann erheblich sein. Einige Gruppen glauben trotzdem, dass die Abweichungen ihrer Ergebnisse die Theorie in Frage stellen; andere meinen, dass so viel gegen die anderen Theorien spricht, dass die Verdrängungs-Volumentheorie korrekt sein muss. Wieder andere Schüler ignorieren die Verdrängungs-Volumentheorie komplett, vielleicht weil sie keine Ursache anführt, auch wenn sie ein verständliches Modell beschreibt.

Eine Klasse von 24 Schülern führt im Zeitrahmen von drei Tagen gewöhnlich zehn bis fünfzehn unterschiedliche Tests durch. Am Ende dieses Zeitraums präsentiert jede Gruppe ihre Ergebnisse und ihr Votum für die brauchbarste Theorie. Nachdem alle Theorien nachgeprüft wurden, findet sich für jede Theorie von ihnen jemand, der meint, dass sie diskreditiert worden sei, und für alle bleibt Zuspruch erhalten. Wir stellen alle Beweise zusammen, die für und die gegen eine Theorie sprechen, und versuchen dann zu beurteilen, welche davon unseren intensiven Prüfungen am besten standgehalten hat. Es ist interessant zu beobachten, wie sich die Schüler auf den Diskurs über Erklärungen und Beweise einlassen. Beim Diskutieren und Aushandeln einer Bewertung durch die Klasse vertreten die Schüler unterschiedliche Positionen. Nicht alle Beweise sprechen für sich selbst; manchmal werden die gleichen Daten in entgegengesetzter Richtung interpretiert.

Im Interesse der Schüler, die glauben, dass es eine autoritative Antwort geben muss, gehen wir einer Reihe von Literaturhinweisen nach. Es kommt vor, dass Publikationen Erklärungen anführen, die wir verworfen haben, Erklärungen miteinander vermischen oder ein Detail ein bringen, das wir nie beobachtet oder in Erwägung gezogen haben" (*Frazier* 1995, o. S.).

Kompetenzstufe 5 – Technik

Célestin Freinet (*Boehncke/Hennig* 1980, S. 72–75) über die Rolle des tastenden Versuchens am Beispiel des Körbeflechtens, ausgewählte Passagen:

„Wenn man von dem Prinzip ausgeht, dass tastende Erfahrung gemacht werden muss, dass das Kind alles selbst ausprobieren muss und auch selbst der Pförtner ist, der die willkommenen Erfahrungen einlässt, kann man ihm helfen, seine Erfahrungen zu machen und kann den Prozess beschleunigen.

Wir schließen daher Folgendes aus unserer Argumentation:

1. Man muss den Kindern die technischen Möglichkeiten für eine reichhaltige tastende Erfahrung geben: Durch die Umgebung, Felder, Wiesen, richtige Arbeit, Tiere, am Anfang einfaches, später komplizierteres Werkzeug.

2. Man muss dafür sorgen, dass Material und Techniken bereitstehen, die die tastende Erfahrung beschleunigen, vervollständigen, vertiefen und die ihre Ergebnisse sichern.

3. Man muss die tastende Erfahrung ständig mit anderen Erfahrungen und Techniken konfrontieren: mit anderen Kindern, Erwachsenen, Maschinen usw.

Wenn ein Kind versucht, einen Weidenkorb zu flechten, können Sie es tasten lassen, so wie viele Generationen vor ihm getastet haben. Dann muss es alles selbst entdecken und wird daher nur zu einem mittelmäßigen Ergebnis kommen. Dabei riskiert es schwere Irrtümer, die es entmutigen und ihm ein Gefühl der Ohnmacht und der Minderwertigkeit geben. Die Folgen dieses Gefühls haben wir gesehen. Es entsteht aus der strikten Zurückweisung. Andererseits können Sie auch das Bedürfnis nach konstruktivem Experimentieren verkennen und das Tasten verbieten. Sie können das Kind sogar lächerlich machen, indem Sie ihm einen perfekt hergestellten Korb zeigen, auf den Sie selbst zwar stolz sein mögen, dessen Perfektion dem Kind aber ein Gefühl der Ohnmacht vermittelt: So gut gelingt mir das nie ... ich bin ein Versager.

Dieses Verhalten stellt eine Haltung dar, welche hemmend wirkt, indem sie der Selbstständigkeit des Kindes nicht genug Raum lässt. Anders wäre das Kind stolz, mit einem selbstgemachten, wenn auch vielleicht etwas unförmigen Korb auf die Felder zu gehen ... Das nächste Mal, im nächsten Winter, mache ich einen besseren ... Ich weiß, was nicht richtig ist und wo die Fehler liegen! ... Es gibt eine dritte Möglichkeit, sich zu verhalten: Man kann wesentliche technische Hilfestellung geben, indem man das Kind einerseits tasten lässt, ihm andererseits gelungene Beispiele zeigt, die es, wenn es will, imitieren kann.

Wir weisen nachdrücklich auf diese technische Feinheit hin, die unser pädagogisches Verhalten beeinflussen kann: Wenn Sie dem Kind von Anfang an eine bestimmte Art und Weise aufzwingen, den Korb herzustellen, die Weidenruten zu schneiden, sie zu krümmen und über Kreuz zu legen, sie zu verflechten, wenn Sie ihm verbieten, es anders zu machen, so tun Sie seinem Bedürfnis nach tastender Erfahrung Gewalt an. Der Mensch ist so veranlagt, dass er – wenn er durch eine autoritäre Umgebung nicht schon sehr geschwächt ist – niemals von dem überzeugt ist, was man von außen an ihn heranträgt. Alles läuft so ab, als würde er auch angesichts der klarsten Evidenz fragen: Ist man denn sicher, dass es sich so und nicht anders verhält? Wenn ich es aber anders machen könnte? Wenn ich es aber anders machen will! Man darf in dieser Veranlagung nicht einen offensichtlichen Verstoß gegen die Logik sehen, vielmehr die ursprüngliche Selbstbejahung einer Persönlichkeit, die sich selbstständig nach ihrem eigenen Lebensentwurf aufbauen und herausbilden will. Sie sträubt sich von Anfang an gegen die Führung durch eine fremde Hand, die ihr nicht hilft, sondern die sie vorzeitig aus dem ihrem Wesen entsprechenden Bildungsprozess herausreißt ...

Das Kind schaut dem Korbmacher bei der Arbeit zu und hat selbst eine kleine Weidenrute in der Hand. Erst wird es auf seine Art irgendein Geflecht ausprobieren und damit nicht zufrieden sein; dann ahmt es die Handgriffe nach, die es sieht, und vergleicht unbewusst; vielleicht geht es noch zu einem anderen Korbflechter, der eine andere Technik hat. Aus diesen tastenden Versuchen unter Anleitung wird eine Art persönliche Technik hervorgehen, die weder abgehoben noch aufgezwungen ist und die auch noch perfektioniert werden kann. Mit der effektiven Unterstützung durch hilfreiche Techniken lernt das Kind schneller und sicherer.

Wenn es nicht möglich ist, tatsächlich einen Handwerker bei der Arbeit zu beobachten, kann das Kind sinnvoll durch einen Film, der naturgetreu die lebendigen Handgriffe zeigt, angeleitet werden. Es schaut zu, versucht, einen Korb herzustellen, schaut noch einmal zu, vergleicht, experimentiert und korrigiert, bis es schließlich eine befriedigende Fertigkeit erlangt. Voraussetzung für eine hilfreiche Anleitung durch den Film aber ist, dass jeder, der sich ihn anschaut, vor allem ausprobiert und sich nicht damit begnügt, den Ablauf der Bilder zu betrachten. Das wäre eine nutzlose Bilderparade, und nichts bliebe haften, bis auf ein wenig Angeberei und Eitelkeit.

Ist auch kein Film vorhanden, so kann das Kind beim Bild Hilfe suchen. Man muss dabei nur berücksichtigen, dass das unbewegte Bild ein Abstraktionsvermögen voraussetzt, während die tatsächliche Handbewegung oder die naturgetreue Wiedergabe derselben automatisch nachgeahmt wird. Darum muss das unbewegte Bild durch eine schriftliche oder mündliche Erklärung ergänzt werden. Allerdings ist auch dies oft noch unzureichend, während die tatsächliche Bewegung allein genügt.

Bedenkt man diese Vorbehalte, so sind rein verbale Erklärungen am unteren Ende der Wertskala anzusiedeln. Man kann sie praktisch nicht verstehen ohne die Gesten, die allgemein nur als Ergänzung angesehen werden. Die Schule, die sich lange Zeit fast ausschließlich der verbalen Erklärung bedient hat, täte gut daran, ihre Methoden unverzüglich zu revidieren."

Kompetenzstufe 5 – Bezugswissenschaft Geschichte

Die Erziehungswissenschaftlerin *Heike Deckert-Peaceman* hat in einer ethnographischen Studie die so genannte Holocaust-Education in Amerika am Beispiel einer einzelnen Lehrerin ausführlich dargestellt. Sämtliche Aspekte der komplexen Thematik finden im Unterricht dieser Lehrerin namens Molly ihren Höhepunkt: Die sozialkulturellen, pädagogisch-psychologischen und politischen Bedingungen dieser besonderen Rekonstruktion eines historischen Prozesses von weitreichender und umstrittener Bedeutung kommen in der Curriculum-Geschichte zusammen, die von dieser Lehrerin in einer Grundschule im Bundesstaat New Jersey vorgetragen wird.

Die 350 Seiten umfassende Studie belegt die Fruchtbarkeit eines wissenschaftlichen Ansatzes, dessen Gegenstand das Können von kompetenten Lehrpersonen darstellt. Hier ein knapper Ausschnitt:

„Schon im ersten Gespräch äußert sich die Lehrerin ausführlicher und differenzierter zu dem Zusammenhang zwischen Hitler und Deutschland, indem sie auch die Vorgeschichte des 1. Weltkrieges und der Weimarer Republik erzählt. Gerade in den Sequenzen, in denen die Schüler Fragen stellen, wird das Narrativ, das Molly vermittelt, gebrochen. Der Wechsel zwischen in sich geschlossenen Geschichten und der Brechung durch eine erneute Reflexion in anderen Zusammenhängen ist typisch für den gesamten Unterricht über den Holocaust und geht weit über diesen kurzen Abschnitt hinaus.

Im Anschluss an die Rede stellen die Schüler Fragen, die in der Regel die Lehrerin beantwortet. Es ist spürbar, dass das unmittelbare Stellen von Fragen selbstverständlich ist. Die Gespräche, die sich meistens an Lektüren, in diesem Fall an einen Lehrervortrag, anschließen, sind durch die rege Fragetätigkeit der Kinder durchgängig gekennzeichnet. Es gibt nur selten Leitfragen zu einem Text, sondern die Schüler stellen so viele Fragen, dass wichtige Aspekte durch das jeweilige Gespräch abgedeckt werden. Diese Fragen werden mehrheitlich geduldig mit hoher Sach- und Detailkenntnis beantwortet. In dieser Fragesequenz ist ein typisches Merkmal des Unterrichts enthalten, das Beispiel für einen Frage-

Antwort-Komplex nur zwischen Lehrerin und Fragesteller für einige Minuten. Inhaltlich ist dieses viermalige Fragen interessant.

Jane beschäftigt sich mit den Möglichkeiten eines alternativen Geschichtsverlaufes. Sie fragt zunächst, warum Juden der allmählichen Vernichtung nicht entgegengewirkt haben, entweder durch Bitten oder durch Weggehen. Allerdings lässt sie die Möglichkeit des tätlichen Wehrens aus. Es wird transparent, dass das Mädchen die Mittel reflektiert, die in ihrer unmittelbaren Erfahrung zur Lösung eines Konfliktes beitragen. Für das Aussparen des Widerstands scheinen sich mehrere Erklärungen anzubieten. Zum einen ist Jane anscheinend ein besonders scheues Mädchen. Zum anderen werden tätliche Auseinandersetzungen innerhalb der Schule in den USA früher und deutlicher unterbunden als in Deutschland. Vielleicht erahnt die Schülerin auch im Voraus die eingeschränkten Handlungsmöglichkeiten von Opfern in der historischen Situation, über die Molly in diesem Zusammenhang aufklärt.

Das Mädchen fragt zum Zweiten nach den anderen Menschen in Deutschland. Molly berichtet von der Wahl Hitlers, von der Opposition in Deutschland und von den Konsequenzen einer Opposition. Es folgt die Frage nach dem inneren Widerstand „im Herzen“. Die Antwort ist interessant. Molly betont, dass viele Menschen in Deutschland im Herzen nicht einverstanden gewesen waren, aber angesichts der Konsequenzen keine offene Opposition gewagt hätten. Daran anschließend fragt das Mädchen, wie es diese Menschen dann ausgehalten hätten, in einem Deutschland zu leben, das nicht ihren Vorstellungen entsprach. Die Lehrerin verweist auf den darauffolgenden Unterricht, in dem solche Fragen noch einmal aufgegriffen werden, lobt aber gleichzeitig die Frage, indem sie sie als eine der Leitfragen für die Auseinandersetzung bezeichnet.

Dieser Moment macht deutlich, mit welcher Intensität und mit welchem Reflexionsvermögen verschiedene historische Aspekte in solchen Frage-Antwort-Komplexen bearbeitet werden. Die Vermittlung historischer Zusammenhänge entwickelt sich in diesen Situationen weder chronologisch noch thematisch, sondern es wird über die Aspekte gesprochen, die für die konkrete Frage des Kindes oder der Gruppe in diesem Moment eine Bedeutung haben. Interessanterweise entsteht somit häufig ein komplexes Verbindungsnetz an historischer Hintergrundinformation, das Widersprüche des geschichtlichen Kontinuums integriert" (*Deckert-Peaceman* 2002, S. 235–236).

LITERATURVERZEICHNIS

American Association for the Advancement of Science (AAAS): Atlas for Science Literacy. Washington D. C. 2000

Aries, Philippe: Geschichte der Kindheit. Carl Hanser. München 1975

Baumert, Jürgen/Blum, Werner/Neubrand, Michael: Drawing Lessons from PISA 2000. Longterm research implications. In: Zeitschrift für Erziehungswissenschaft. Sonderheft 3/2004, S. 143–157

Blaseio, Beate: Entwicklungstendenzen der Inhalte des Sachunterrichts. Eine Analyse von Lehrwerken von 1970 bis 2000. Klinkhardt. Bad Heilbrunn 2004

Boehncke, Heiner/Hennig, Christoph (Hrsg.): Pädagogische Texte mit Beispielen aus der praktischen Arbeit nach Célestin Freinet. Rowohlt. Reinbek 1980, S. 72–75

Bos, Wilfried/Lankes, Eva-Maria/Prenzel, Manfred/Schwippert, Knut/Walter, Günter/Valtin, Renate: Erste Ergebnisse aus IGLU. Waxmann. Münster 2003

Canetti, Elias: Die gerettete Zunge. Geschichte einer Kindheit. Hanser. München, Wien 1977

Deckert-Peaceman, Heike: Holocaust als Thema für Grundschulkinder? Ethnographische Feldforschung zur Holocaust Education am Beispiel einer Fallstudie aus dem amerikanischen Grundschulunterricht und ihre Relevanz für die Grundschulpädagogik in Deutschland. Peter Lang. Frankfurt am Main 2002

deMause, Lloyd: Hört ihr die Kinder weinen – Eine psychogenetische Geschichte der Kindheit. Suhrkamp. Frankfurt am Main 1980

Donaldson, Margaret: Wie Kinder denken. Huber. Bern 1982

Elschenbroich, Donata: Weltwunder. Kinder als Naturforscher. Kunstmann. München 2005

Europarat: Europäisches Sprachenportfolio. Version für Jugendliche und Erwachsene. Strassburg 2001

Faulstich-Wieland, Hannelore: Geschlechteraspekte in der Bildung. Bonn 2004. Unter: www.bpb.de/files/55B5YQ

Finger, August Friedrich: Anweisung zum Unterricht in der Grundschule in der Heimatskunde, gegeben an dem Beispiele der Gegend von Weinheim an der Bergstrasse. Weidmannsche Buchhandlung. Berlin [8]1900.

Fölling-Albers, Maria: Veränderte Kindheit – revisited. Konzepte und Ergebnisse sozialwissenschaftlicher Kindheitsforschung der vergangenen 20 Jahre. In: Fölling-Albers, Maria/Richter, Sigrun/Brügelmann, Hans/Speck-Hamdan, Angelika (Hrsg.): Kindheitsforschung. Forschung zum Sachunterricht. Der Grundschulverband/Arbeitskreis Grundschule e. V. Frankfurt am Main 2001, S. 10–51

Frazier, Richard: A Philosophical Toy. O. O. 1995. Unter: www.ed.uiuc.edu/courses/CI241-science-Sp95/resources/philoToy/philoToy.html.
Übersetzung: www.learnline.de/.../sinus/grundschule/projektbeschreibung/naturwissenschaften/NaWi-modul_G_2_Schreier.pdf

Freie und Hansestadt Hamburg, Behörde für Bildung und Sport (Hrsg.): Rahmenplan Sachunterricht. Hamburg 2003

Gernhöfer, Andrea: Der Krieg – ein notwendiges Thema im Sachunterricht. In: Michalik, Kerstin (Hrsg.): Geschichtsbezogenes Lernen im Sachunterricht. Westermann, Klinkhardt. Braunschweig, Bad Heilbrunn 2004, S. 87–101

Gesellschaft für Didaktik des Sachunterrichts (GDSU): Perspektivrahmen Sachunterricht. Klinkhardt. Bad Heilbrunn 2002

Gudmundsdottir, Sigrun: The narrative nature of pedagogical content knowledge. In: McEwan, Hunter/Egan, Kieran (Hrsg.): Perspectives on Narrative and Teaching. Teachers College Press. New York 1995, S. 24–38

Hamburger Schulbehörde (Hrsg.): Rahmenplan Sachunterricht. Hamburg 2003

Hameyer, Uwe/ Schreier, Helmut: Die Lage des Sachunterrichts. In: Grundschule, Heft 2/2002, S. 30–32

International Association for the Evaluation of Educational Achievement (IEA): Trends in International Mathematics and Science Study. Unter: http://www.iea.nl/timss2003.html

Junge, Friedrich: Der Dorfteich als Lebensgemeinschaft. Lipsius und Tischer. Kiel, Leipzig 1907, 1. Auflage 1885

Köhler, Bernd: Helfen wir beim Essen Tiere quälen? Erkundung unterschiedlicher Systeme moderner Hühnerhaltung. In: Köhler, Bernd/Schreier, Helmut (Hrsg.): Sachunterricht Natur. Urban & Schwarzenberg. München, Wien, Baltimore 1981, S. 181–217

Kohlberg, Lawrence: Zur kognitiven Entwicklung des Kindes. Suhrkamp. Baden Baden 1974

Liepe, Jürgen: Großstadt-Umwelt/Mitwelt: Großstadt. In: Schreier, Helmut (Hrsg.): Kinder auf dem Wege zur Achtung vor der Mitwelt. Agentur Dieck. Heinsberg 1992, S. 65–82

Lindner, Christine: „Wir sind die Welt". Ein Weltbild inszenieren. In: Grundschule, Heft 11/2005, S. 46–48, bearbeitet durch Helmut Schreier

Lipman, Matthew: Teachers Manual to Harry Stottlemeiers Discovery. Intitute for Advancement of Philosophy for Children (IAPC). Montclair, NJ 1975

Lück, Gisela: Handbuch der naturwissenschaftlichen Bildung. Herder. Freiburg 2003

Matthews, Gareth: Die Philosophie der Kindheit. Beltz-Quadriga. Berlin, Weinheim ²2002

Mayhew, Katherine Camp/Edwards, Anna Camp: The Dewey-School. The Laboratory School of the University of Chicago 1896 – 1903. Atherton Press. New York 1966

Michalik, Kerstin: Aufbau von Kompetenzen für Lehrende des Faches Sachunterricht – unter der Zielperspektive des „Pedagogical Content Knowledge". In: Cech, Diethard u. a. (Hrsg.): Bildungswert des Sachunterrichts. Klinkhardt. Bad Heilbrunn 2006, S. 145–158

Michalik, Kerstin/Schreier, Helmut: Wie wäre es, einen Frosch zu küssen? Philosophieren mit Kindern im Grundschulunterricht. Westermann. Braunschweig 2006

Organsation for Economic Cooperation and Development (OECD): Programm for International Student Assessment (PISA) 2000, 2003, 2006. Unter: www.oecd.org/document/53/0,3343,de_34968570_39907066_43433717_1_1_1_1,00.html

Piaget, Jean: Theorien und Methoden der modernen Erziehung. Fischer. Frankfurt am Main 1974

Postman, Neil: Das Verschwinden der Kindheit. Fischer. Frankfurt am Main 1983

Richter, Dagmar (Hrsg.): Gesellschaftliches und politisches Lernen im Sachunterricht. Westermann. Braunschweig 2004

Risch, Björn/Lück, Gisela: Stiefkinder des Sachunterrichts. In: Grundschule, Heft 10/2004, S. 63–66

Scherrer, Christian P. : Mehrheiten versus Minderheiten. Zur Kritik erklärungsbedürftiger Konzepte. Münster o. J. Unter: www.uni-muenster.de/PeaCon/wuf/wf-97/9710202m.htm

Schreier, Helmut: Was sollen Kinder lernen – was müssen Lehrkräfte können? In: Grundschule, Heft 10/2004a, S. 21–24

Schreier, Helmut: Schritt für Schritt kompetent. In: Grundschule, Heft 12/2004b, S. 30–33

Schreier, Helmut: Erforschen, Entdecken und Erklären im naturwissenschaftlichen Unterricht der Grundschule. Kiel 2004c. Unter: www.learn-line.nrw.de/angebote/sinus/grundschule/projektbeschreibung/Naturwissenschaften/NaWi_Modul_G_2_Schreier.pdf

Shulman, Leon: Those who understand: Knowledge growth in teaching. In: Educational Researcher, Heft 15/1986, S. 4–14

Sökefeld, Martin (Hrsg.): Jenseits des Paradigmas kultureller Differenz: Neue Perspektiven auf Einwanderer aus der Türkei. Transcript. Bielefeld 2004

This-Benckhard, Hervé: Rätsel der Kochkunst. Piper. München 2003

Wagenschein, Martin: Zum Problem des genetischen Lehrens. In: Wagenschein, Martin: Verstehen lehren. Beltz. Weinheim, Basel [10]1992, S. 103–106

Wagenschein, Martin: Zur Klärung des Unterrichtsprinzips des exemplarischen Lehrens. In: Auswahl 6. Schroedel. Hannover 1965, S. 13–26

Wagenschein, Martin/Banholzer, Agnes/Thiel, Siegfried: Kinder auf dem Wege zur Physik. Klett. Stuttgart 1974

Wroblewski, Michal/Wroblewski, Zofia: Sieben gute Jahre. In: Beiner, Friedhelm/Lax-Höfer, Elisabeth (Hrsg.): Janusz Korczak. Von der Grammatik und andere pädagogische Texte. Agentur Dieck. Heinsberg 1991, S. 169–180

ANHANG

Die Verhandlungen der Kooperative Sachunterricht wurden von folgenden fachkundigen Personen geführt:
Sonja Alberts, Ingrid Bauerkämper, Kristina Calvert, Gabriele Eilers, Claudia Greiner, Erika Huth, Peter Klemm, Bernd Köhler, Anne Kolbe, Anne Liebig, Kerstin Michalik, Lydia Murmann, Christine Nalepa, Susanne Petersen, Claudia Schmula-Hildebrandt, Wally Schollmeyer, Helmut Schreier, Suzanne Voss, Ursula Zoller.

Auszüge aus Portfolio-Belegen der folgenden Studierenden sind wiedergegeben worden:
Juliane Beister, Susanne Feldmann, Liv Frank, Heike Göttsche, Corinna Hamann, Arne Hogrefe, Mona Kiziltas, Natalie Kowaltschuk, Nadine Martens, Regine Meyer, Miriam Mezler, Torben Röder, Mandy Rohde, Anne Sachse, Susann Schümann, Marco Sievers, Karin van der Lubbe, Matthias Ziebuhr.